目次

JN060411

●本書の使い方 📝

①この問題集は実教出版の教科書「観光ビジネス」(商業738)に準拠しています。

②穴埋め形式の**要点整理**で知識を定着させた後，応用的な問題を含む**Step問題**にチャレンジしましょう。

③要点整理には，一定のまとまりごとに**チェックボックス**をつけました。よくできた場合は，一番上のチェックボックス(😊)にチェックをつけましょう。できた場合は真ん中(🙂)，あとでもう一度解きたい場合は，一番下のチェックボックス(😟)にチェックをつけましょう。全ての問題が笑顔のチェックボックスにチェックがつくまでくり返し解きましょう。

④Step問題は記述問題に🖊，難易度の高い問題に💡をつけました。記述問題は**解答のポイント**を別冊解答・解説に掲載しています。自分自身の解答がポイントをおさえられているかを確認しましょう。

⑤各章末に，教科書の内容に関連した実習課題である**探究問題**と**重要用語の確認**を掲載しています。探究問題には調べ方や考え方のヒントとなる**探究のポイント**を別冊解答・解説に掲載しています。探究のポイントを参考にして探究問題にも積極的に取り組み，ほかの人と意見交換などを行ってみましょう。

⑥よりよい学習ができるように**目標設定＆振り返りシート**(▶p.96)を活用してください。

❶ あなたの住む地域の魅力（場所，モノ，コトなど）を，次のキーワードに従って書き出し，キーワードごとに地図に載せる記号を決めよう。キーワードの空いている欄には，オリジナルのキーワードを考えて記入してみよう。

キーワード	あなたの住む地域の魅力（場所，モノ，コトなど）	地図上の記号
見る・聞く		
体験する		
食べる		
映える		

❷ あなたの住む地域の白地図を描き，その白地図上に①の記号を書き込もう。

4

3 ①で調べた地域の魅力はどのような商品（サービスを含む）となって提供されているか，調べて書き出してみよう。

地域の魅力	提供されている商品（サービスを含む）

4 ③で調べた商品がたくさん販売されると，その商品に関わっているどのような企業や人々にまで経済効果が波及するか，考えて書き出してみよう。

5 あなたがこれまでに訪れた観光地でのことを思い出し，そこで提供を受けた「商品」や，その「商品」の提供に関わっている企業や人々を書き出してみよう。

過去に訪れたことのある観光地：

提供を受けた商品：

関わっている企業や人々：

1節 観光ビジネスの担い手と特徴 教科書 p.10～12

● 要点整理

正答数 ／31問

教科書の内容についてまとめた次の文章の（　）にあてはまる語句を書きなさい。

地域の魅力や知名度を高めることを通じて，利益や（① 　　　　　　）を生み出す活動のことを（② 　　　　　　　　　）という。ここでは，（②）の担い手や特徴について学習しよう。

Check!

1 観光ビジネスの担い手

教科書 p.10

修学旅行を思い出してみよう。皆さんは，飛行機や電車，バスに乗って移動をし，ホテルや旅館に宿泊をしただろう。また，朝昼晩と食事をしたり，土産物も買ったりしただろう。皆さんを客として対応した多くの企業や，皆さんを受け入れた地域そのものが，まさに（③ 　　　　　　　　　　　　）である。（③）は，（④ 　　　　　　　）をはじめ，（⑤ 　　　　　），（⑥ 　　　　　　　　），（⑦ 　　　　　　　）など，地域に関わるすべての関係者（（⑧ 　　　　　　　　　　））である。

1）企業

担い手の（④）には，旅行業者や宿泊業者，旅客輸送業者，娯楽業者，飲食業者，土産物店などがある。これらの（④）は，（⑨ 　　　　　　）を目的に事業を営むことで，地域の魅力を高めることにも貢献している。

2）国や地方自治体

（⑤）や（⑥）は，直接（⑨）に結びつかなくても，観光地としての（⑩ 　　　　　　）や（⑪ 　　　　　　　）を高めるためにさまざまな活動を行っている。（⑫ 　　　　　　），（⑬ 　　　　　），（⑭ 　　　　　　　）などは，国や地方自治体が運営しているものや，（⑮ 　　　　　　　　）が運営しているものもある。（⑮）とは営利を目的としない組織のことであり，（⑯ 　　　　　　）（Non-Profit Organization）とも呼ぶ。

3）地域住民

（⑦）による（⑰ 　　　　　　　　）や（⑱ 　　　　　　）なども，地域の魅力を高めることに貢献している。（⑦）が行う現地の（⑲ 　　　　　　　　　　）などは，地域をよく知る存在だからこそ出来る取り組みの一つである。

2 観光ビジネスの特徴

1）観光ビジネスの特性

1 主にサービスを提供すること

観光ビジネスの中心はサービス産業である。サービス産業とは（⑳　　　　　　　）を提供する業種であり，観光ビジネスが提供する商品は旅客輸送業なら「移動できる」，宿泊業なら「宿泊できる」という，モノではない（⑳）が主となる。

2 需要量の変化が大きいこと

国内の宿泊を伴う旅行は，休日祝日や年末年始や夏休みなどの（㉑　　　　　　）に集中している。このように，観光ビジネスには年間を通して安定した需要量を確保することが難しいという特性がある。地域が持つ（㉒　　　　　　　）の特性によって季節による年間の需要量の変化も大きくなる。また，観光地の（㉓　　　　　　　）によっても需要量が変化する。

3 供給量の調整が困難であること

宿泊施設の部屋数や，地域の観光客の受け入れ可能な人数などは，一度減らしてしまうと，増やすことが難しい。そのため需要量に変化があっても，（㉔　　　　　　）は常にほぼ一定になる。

2）観光ビジネスの効果

1 観光ビジネスが生み出す利益

観光ビジネスが生み出す利益とは，観光客が宿泊や飲食をしたり，土産物を買ったりすることによって，地域にもたらす（㉕　　　　　　　）のことである。この（㉕）は，地域の（㉖　　　　　　）など，経済の活性化に直接的につながる。この（㉕）には，日本人が日本国内でもたらすものと，外国人が日本にやってきてもたらすものの二つがある。他国から自国を訪問する旅行やその観光客のことを（㉗　　　　　　　　）といい，外国人観光客が日本にきて行う消費行動を（㉘　　　　　　　）という。（㉘）は，買い物代，宿泊費，飲食費が大半を占めている。

2 観光ビジネスが生み出す価値

観光ビジネスが生み出す価値とは，地域の知名度が上がったり魅力が認められたりすることである。それによって地域で（㉙　　　　　）する人が増えたり，（㉚　　　　　　）により住む人が増えたりすれば，将来的に（㉕）が得られ，地域の活性化につながる。

生み出した価値を地域の活性化につなげるためには，さらなる地域の魅力の掘り起こしや磨き上げに加え，それを（㉛　　　　　　）するなど，価値を高めるための取り組みが必要である。また，その地域の魅力を自分たちで新たに生み出していくことも重要である。

1 次の⑴〜⑸のうち，条件にあてはまるものにはＡを，それ以外にはＢを書きなさい。

●条件　物的なモノ（有形財）とは異なるサービス（無形財）の特徴

⑴　有形性　　　⑵　無形性　　　⑶　同時性　　　⑷　安定性　　　⑸　不安定性

⑴		⑵		⑶		⑷		⑸	

2 次の⑴〜⑸に最も関係の深いものを解答群から選び，記号で答えなさい。

⑴　地域の魅力や知名度を高めることを通じて，利益や価値を生み出す活動。

⑵　営利を目的としない組織。

⑶　テレワークなどを活用し，リゾート地や温泉地，国立公園など，普段の職場とは異なる場所で余暇を楽しみつつ仕事を行う。

⑷　出張の機会を活用し出張先で滞在を延長して観光する客を増やすなど，年間を通した新たな需要の創出が期待されている取り組み。

⑸　他国から自国を訪問する旅行やその観光客。

【解答群】

ア　インバウンド　　イ　ワーケーション　　ウ　NPO

エ　観光ビジネス　　オ　ブレジャー

⑴		⑵		⑶		⑷		⑸	

3 ⑴観光ビジネスが生み出す価値とはどのようなことか，また，⑵観光ビジネスが生み出した価値を地域の活性化につなげるためにはどのような取り組みが必要か，それぞれ25字〜35字程度で説明しなさい。

⑴　観光ビジネスが生み出す価値とは

⑵　地域の活性化につなげるために必要な取り組み

2節 観光ビジネスの動向

要点整理

正答数　／45問

教科書の内容についてまとめた次の文章の（　　）にあてはまる語句を書きなさい。

1 日本の観光ビジネスの動向

教科書 p.13〜14

Check!

1）訪日外国人観光客数の推移

（①　　　　　　　　　）は，特に（②　　　　　　　）から（③　　　　　　　　）にかけて急激に増加した。このように増加したのは，国や地方自治体，企業などが行ったさまざまな取り組みの成果があらわれたからである。

2）出国日本人観光客の推移

日本から海外へ出国した人数は，2019年に初めて（④　　　　　　　　　　）を突破した。出国者数も増加しているが，（①）と比較すると，増加のペースはゆるい。

3）世界の観光立国

観光立国に取り組む（⑤　　　　　　　　）や（⑥　　　　　　　）などは，数十年にもわたって観光客の受入数で，常に世界の上位に位置している。これらの国が人気のある理由には，ヨーロッパは地続きになっているため訪問しやすいことや，（⑦　　　　　　　）制度が充実していること，美術館や（⑧　　　　　　　），（⑨　　　　　　　　）をはじめとした観光資源の整備に力を入れていることなどが挙げられる。また，外国人観光客の訪問を促すために，（⑩　　　　　　　　　　　）の多言語での運営や，旅客機や鉄道などの（⑪　　　　　　　）の整備にも力を注いでいる。

4）日本の観光消費額とその内訳

2019年の日本人による国内旅行の観光消費額と，（⑫　　　　　　　　　），インバウンドによる観光消費額をすべて含む（⑬　　　　　　　　　）は，27.9兆円である。この金額は日本国内の（⑭　　　　　　　）全体の市場規模（26.4兆円）よりも大きな額である。また，観光総消費額の約60％が，日本人の（⑮　　　　　　　　　）によるものである。訪日外国人観光客による観光消費額は，約（⑯　　　　　）％であり，訪日外国人観光客数は増加しているものの，日本人による国内旅行の観光消費額の割合が依然として高い。なお，（⑫）とは（⑰　　　　　　　）から（⑱　　　　　　　）への旅行やその旅行者のことであり，日本においては日本人の海外旅行や日本人海外旅行者を意味する。

2 訪日外国人観光客増加の要因

Check!

1）観光資源への認知と関心の高まり

近年，日本の（⑲　　　　　　　　　）や美しい（⑳　　　　　　　　　）などの観光資源が，海外から注目されている。観光資源が海外で広く知られることは，訪日外国人観光客数が増加する要因の一つになる。国内の有名な観光資源だけでなく，日本人にとっては当たり前のものでも，外国人にとってはそれがめずらしく，価値の高いものになることもある。たとえば，（㉑　　　　　　　　　）は2013年にユネスコの（㉒　　　　　　　　　　　）に登録されたこともあり，外国人観光客にも人気がある。

2）世界規模のイベントの開催

（㉓　　　　　　　　　　　）（万国博覧会）や（㉔　　　　　　　　　　　　），パラリンピックなどの世界規模で行われるさまざまなイベントの日本での開催は，訪日外国人観光客が増える要因になる。これらの世界的なイベントの開催は，訪日外国人観光客が増えるという直接的な効果だけでなく，日本を海外に（㉕　　　　　　　　）できるという間接的な効果もある。他にも，（㉖　　　　　　　　　）などの国際会議が日本で開催された場合にも同様の効果が期待できる。日本政府観光局はこのような効果を狙って，（㉗　　　　　　　　　）の積極的な誘致を行っている。（㉗）とは，企業などの会議や国際機関・団体，学会などが行う国際会議などの（㉘　　　　　　　　　　　）の総称である。

3）多言語対応や設備の充実

駅の標識などの表記や，旅館やホテルの従業員の接客における（㉙　　　　　　　　　　　）の有無は，外国人の訪問国の選択に大きく影響する。近年では，無料で使えるWi-Fi環境の整備や，（㉚　　　　　　　　　　　）への対応も求められている。

4）多様な食習慣への理解

生活習慣の変化や（㉛　　　　　　　　）などにより，世界中の人々の（㉜　　　　　　　　　）は多様化している。イスラム教徒が食べることが出来る（㉝　　　　　　　　　）や，肉や魚を食べない（㉞　　　　　　　　　），肉や魚に加え卵などの動物性食品も食べない（㉟　　　　　　　　　），小麦などに含まれるたんぱく質のグルテンを摂取しない（㉜）である（㊱　　　　　　　　　）などが主なものである。

3 訪日外国人観光客減少の要因

Check!

1）自然災害の発生

日本では（㊲　　　　　　　　）が起きることが多く，（㊲）の規模によっては訪日への恐怖や不安が生じたり，場合によっては（㊳　　　　　　　　　）などの影響で訪日外国人観光客が減ってしまったりする場合もある。

2）疾病や感染症の流行

世界規模の疫病や感染症の流行は，人の移動を制限させることにつながる。2020年から世界で流行した（㊴　　　　　　　　　）は，訪日外国人観光客数を急激に減少させた。

3）世界経済の変動

2008年に起きた（㊵　　　　　　　　　）など，世界規模の（㊶　　　　　　　　）は，景気が低迷することによる収入の減少や，（㊷　　　　　　　）の変動をもたらし，観光客の海外への旅行を敬遠させることにもつながる。

4）国際関係による影響

（㊸　　　　　　　　）や（㊹　　　　　　　　）による国家間の関係悪化が，両国の（㊺　　　　　　　　）に影響を及ぼすことがある。日本を「訪れたい国」と思うかどうかにまで影響を及ぼし，観光客が減少することがある。

▶Step 問題

正答数　　／8問

1 ビジネスイベントの総称であるMICEについて，関連するものを線で繋ぎなさい。

(1)　M・　　　・Incentive Travel・　　　・国際機関・団体，学会などが行う国際会議

(2)　I・　　　・Exhibition/Event・　　　・企業などの会議

(3)　C・　　　・　Convention　・　　　・展示会・見本市，イベント

(4)　E・　　　・　Meeting　・　　　・企業などの行う報奨・研修旅行

2 次の(1)〜(4)に当てはまるものを解答群から選び，記号で答えなさい。

(1)　イスラム教の戒律において合法に調理された，イスラム教徒が食べることが出来る料理のこと。

(2)　肉や魚を食べない食習慣を持つ人のこと。

(3)　肉や魚だけでなく卵・乳製品などの動物性食品も口にしない食習慣を持つ人のこと。

(4)　小麦アレルギーなどの対応から始まったといわれている食習慣のこと。

【解答群】

ア　ベジタリアン　　イ　ハラール料理　　ウ　グルテンフリー　　エ　ヴィーガン

(1)		(2)		(3)		(4)	

3節 日本の観光政策

教科書 p.18〜21

● 要点整理

正答数 ／31問

教科書の内容についてまとめた次の文章の（　　　　）にあてはまる語句を書きなさい。

Check!

1 日本の観光政策の概要

教科書 p.18

国や地方自治体が行っている（①　　　　　　　　　　）のための方針や取り組みのことを（②　　　　　　　　　　）という。国は観光客誘致のためにさまざまな取り組みを行っている。ここでは国が行う（②）の目的や，その主な取り組みについてみてみよう。

1）国の観光政策の目的

観光は世界で最も（③　　　　　　　　　）が速い経済分野の一つであり，社会経済的な進展の重要な推進力といわれている。日本においても，国は観光による（④　　　　　　　）を得るためだけでなく，外国との（⑤　　　　　　　　）や（⑥　　　　　　　　）の交流を促進させることを目的に，さまざまな取り組みを行っている。

2）国の観光政策の主な取り組み

国の（②）の主な対象は，（⑦　　　　　　　　　　　），（⑧　　　　　　　　　　　　　），（⑨　　　　　　　　　　　　），（⑩　　　　　　　　　　　）の四つである。訪日旅行促進のための諸外国への（⑪　　　　　　　　　　）や，国内の観光資源の（⑫　　　　　　　）や（⑬　　　　　　　）など，その取り組みは多岐にわたる。

Check!

2 日本の観光立国へのあゆみ

教科書 p.19〜21

日本は国内外から観光客を誘致し，観光客が消費する金を国の経済を支える基盤の一つとすることを（⑭　　　　　　　　　）と呼び，その推進のための取り組みを行っている。これまでの日本の（⑭）へのあゆみは，どのようなものだろうか。ここでは，近年の主な取り組みを時系列でみていこう。

1）訪日外国人誘致のための取り組み

2002年，国土交通省は外国人観光客の訪日を促進する戦略を構築するために，四つの戦略を策定した。（⑮　　　　　　　　　　　　　）：（⑯　　　　　　　）は，この中の「外国人旅行者訪日促進戦略」の一環として行われた。

2）観光立国推進基本法と基本計画

日本では，国や地方自治体，民間企業が一体となって観光に取り組み，（⑭）を実現するために法整備が行われた。

① 観光立国推進基本法

　日本が経済社会を発展させるためには，(⑭)を実現させることが重要であると考え，(⑭)の実現のための施策に関する基本理念を定めた(⑰　　　　　　　　)が，2007年に施行された。

② 観光立国推進基本計画

　2017年には，(⑰)にもとづき，インバウンドを含めた日本の観光に関する基本的な方針や目標が(⑱　　　　　　　　　　　　)で定められた。観光ビジネスを日本の成長戦略の柱，(⑲　　　　　　　　)の切り札と考え，多くの人が日本を観光目的地として訪れるよう，「世界が訪れたくなる日本へ」というキャッチコピーもつくられた。

③ 観光立国推進基本計画における目標

　(⑱)では，日本を「(⑳　　　　　　　　)」にすべく，具体的な数値目標が設けられた。2025 年までの計画では観光の(㉑　　　　　　　　)が重視され，「持続可能な観光」，「消費拡大」，「地方誘客促進」の三つのキーワードをもとにした，(㉒　　　　　　　)に依存しない指標が設定されている。

３）観光庁の発足

　2008年に(㉓　　　　　　　　)の外局として設置された(㉔　　　　　　　)は，(②)の立案や実行の中心的役割を担っている。観光は関係する省庁が多岐にわたるため，その調整役としても(㉔)は重要な存在である。国土交通省所管の独立行政法人である，国際観光振興機構((㉕　　　　　　　　　　)：JNTO)は，訪日プロモーション事業の実施主体と位置づけられている。訪日外国人観光客の拡大に向けた取り組みにおいて，(㉔)とともに中心的な役割を果たしている。

４）観光地経営への取り組み

　国が行う(②)では，訪日外国人観光客を増やすための取り組みだけでなく，地域の魅力を高め，地域の「(㉖　　　　　　　)」を引き出すための施策も行っている。その代表的なものが，(㉗　　　　　　　　　　) (DMO)の形成促進と登録制度の構築である。DMOとは地域の魅力を高め，地域の(㉖)を引き出すとともに，地域への誇りと愛着を醸成する「(㉘　　　　　　　)」の視点に立った観光地域づくりの(㉙　　　　　　　)を担う組織のことである。DMOや，DMOと連携して事業を行う団体に対して，関係省庁が支援を行う仕組みを確立させることで，DMOを中心とした観光地の魅力づくりを推進している。近年では，観光客の(㉚　　　　　　)と，地域住民の(㉛　　　　　　)の向上を両立させる「住んでよし，訪れてよし」の観光地域づくりがDMOに求められている。

1 次の観光立国推進基本法の四つの基本施策について書かれた各文について，下線部が正しい場合は○を，誤っている場合は正しい語句を書きなさい。

(1) 国際競争力の高い魅力ある<u>観光地</u>の形成。

(2) <u>地場産業</u>の国際競争力の強化。

(3) <u>国内観光</u>の振興。

(4) 国内外からの<u>修学旅行</u>の促進のための環境の整備。

(1)		(2)	
(3)		(4)	

2 次の(1)～(4)の国が行う観光政策の主な取り組みのうち，最も関係の深い対象を解答群から選び記号で答えなさい。

(1) 旅行に行きやすくするための休暇取得の推進や休暇制度の整備，安全対策など。

(2) 観光資源の保護や保全，国立公園の整備，地域観光資源の多言語解説整備支援，観光地域づくりの支援，広域観光促進の支援など。

(3) 訪日旅行促進のための諸外国へのプロモーション，無料公衆無線LANの整備促進やマナー啓発動画の作成などの受け入れ態勢の整備。

(4) 旅館やホテルなどのバリアフリー化の支援や，各事業者が適切な事業運営を行うための法律の整備，経営人材育成に関する支援など。

【解答群】　ア　観光ビジネスを行う民間事業者　　イ　日本人観光客
　　　　　　ウ　訪日外国人観光客　　エ　観光資源や観光地

(1)		(2)		(3)		(4)	

3 観光地域づくり法人（DMO）とはどのような組織か，70字程度で説明しなさい。

4節 観光ビジネスと地域

教科書 p.22〜27

● 要点整理

正答数 ／41問

教科書の内容についてまとめた次の文章の（　　　）にあてはまる語句を書きなさい。

Check!

1 地域の現状

教科書 p.22〜23

1）日本の市町村数の減少

2020年8月1日現在，日本には1,724の市町村が存在する。約60年前に比べると市町村の（①　　　　　）によって市町村数は大きく減少した。

現存する市町村の中には，人口が多い（②　　　　　　　　）が（③　　　　　　）存在する一方，人口数百人程度の村も存在する。この中には高齢化や過疎化が進んだ市町村もあり，市町村の半数以上が今後（④　　　　　　　）してしまうという研究もある。

2）人口の偏り

日本の人口は，上位八つの都道府県で総人口の（⑤　　　　　　）を占めている。また，市町村別人口は，人口の多い市町村と少ない市町村とで差が大きく，日本の人口は特定の地域に集中している。東京都と埼玉県，神奈川県，千葉県を含む（⑥　　　　　　　　）へは特にその他の地域から人が流入している。これは，（⑦　　　　　　　　　）と呼ばれている。

3）高齢化

日本の65歳以上人口は，3,589万人となり，総人口に占める割合（高齢化率）も28.4％となった。日本の（⑧　　　　　　　　　）をみても今後の日本の人口が減少して高齢化が進む可能性が高い。すでに人口が減っていたり高齢化が進んでいたりする市町村の中には，まさに（④）してしまう危機に瀕している市町村もある。

4）事業承継の困難

人口減少や高齢化は，企業や産業の存続に大きな影響をあたえる。担い手が不足することは，（⑨　　　　　　　）の確保を困難にし，地域の企業の廃業や，（⑩　　　　　　　　）や（⑪　　　　　　　）の衰退を引き起こす。結果として，これまでに培ってきた企業や（⑩），（⑪）の技術が失われることに加え，地域の（⑫　　　　　　　　）が少なくなることで（⑬　　　　　　　）が都市部へと流出してしまうことにもつながり，地域の活気が失われる原因にもなる。

2 地域の活性化と観光ビジネス

1）地域の活性化における観光ビジネスの意義

　観光ビジネスによる地域の活性化とは，地域ならではの（⑭　　　　　　）を活かし，利益や価値を地域にもたらすことである。観光ビジネスには，自然や景観，衣食住，文化，歴史や伝統芸能など，その地域ならではの（⑭）を活かすという特徴がある。そのため，地域の人々や企業の力は欠かすことが出来ない。地域の活性化と，地域の（⑭）を後世に残していくことを両立するためには，地域を（⑮　　　　　　）が中心となって観光ビジネスに取り組むことが重要となる。

2）地域の活性化における観光ビジネスの効果

　地域独自の（⑭）を掘り起こして，内外の人々に向けて（⑯　　　　　　）する活動を（⑰　　　　　　　　　）という。その地域が持つ（⑭）を最大限に引き出すためには，民間企業の取り組みだけでは難しく，行政が担う役割は大きい。地域全体から統一感を感じさせる取り組みは，観光地としての知名度や（⑱　　　　　　　）を高めるために効果的である。地域の（⑱）が上がることは，（⑲　　　　　　　　）の醸成にもつながる。自分が住む地域に対する（⑳　　　　　）や（㉑　　　　　）のことを（⑲）という。（⑲）が高まることで，人々が主体的に地域に関わろうとするようになるなど，地域にとって大切な「自分の住む地域を良くしたい」と思う人を増やすことにつながる。

3）観光ビジネスによる地域の活性化への取り組み

① 地域の魅力の再発見

⑴他地域の人の視点で考える

　その地域に住む人にとっては，自分たちの住む地域の魅力に気付きにくいことが多い。（㉒　　　　　　　）の人の視点に立ち，地域を見つめ直してみることが重要である。新たな魅力が発見できれば，地域ならではの魅力を活かした観光振興に，大いに役立てることができる。

⑵マイクロツーリズムの活用

　観光振興の対象は，海外や遠方に住む地域外の人だけではない。身近な地域の魅力にまだ気付いていない人に向けた，観光振興も可能である。1～2時間で移動できる範囲の観光客に向けた，地域の観光振興を（㉓　　　　　　　　　　）という。（㉓）の活用は，身近な地域の魅力を活かして，地域内での経済的な循環を新たに生み出す。また，移動の負担が少ないことは，特に（㉔　　　　　　　）が観光を楽しむ機会を増やすことにもつながる。高齢化が進む日本にとって，新たな観光のきっかけになることが期待されている。

② 名産品・特産品の活用

　その地域で生産されたり収穫されたりする地域特有の品物を(㉕　　　　　　　)・

(㉖　　　　　　　)という。(㉕)・(㉖)は，地域の魅力を伝える努力や工夫が重ねられ

ており，そのまま販売したり，加工して販売したりするなど，地域の魅力がたくさん詰まっ

た(㉗　　　　　　　)として，その地域のプロモーションに大きく貢献している。

③ 地域のご当地グルメの活用

　地域ならではの食材やレシピでつくられた料理を，(㉘　　　　　　　)という。

多くの地域で(㉘)の開発が行われており，全国の(㉘)を集めたイベントも開催されている。

④ 地域のプロモーションを担うキャラクターの活用

　その地域の特徴をデザインに活かした(㉙　　　　　　　)が，地域の活性化やプ

ロモーションに多く活用されている。(㉙)が持つ地域性，親しみやすさ，話題性などは，

地域外への(㉚　　　　　　　)だけでなく，自地域の(㉛　　　　　　　)にも貢献し

ている。

⑤ 地域の新たな魅力を生み出す

　(㉜　　　　　　　)や(㉝　　　　　　　)などの地域の伝統文化や，地域の工芸，産業など，

すでにある魅力に何かをかけ合わせて，(㉞　　　　　　　)をつくることも可能

である。例えば農泊や寺泊，城泊などは，地域の産業である農業や地域にある寺や城と，

宿泊サービスをかけ合わせた取り組みである。このような地域特有の魅力を活用し，

(㉟　　　　　　　)，(㊱　　　　　　　)の要素を取り入れた旅行商品による観光振興を，

(㊲　　　　　　　)という。

⑥ フィルムツーリズムの活用

　映画やドラマ，アニメなどの映像作品の(㊳　　　　　　　)になったことで生まれた，新

たな魅力や価値を活かした地域の観光振興を，(㊴　　　　　　　)という。

観光客がそういった場所や地域を訪れ，作品のストーリーと重ね合わせながら観光を楽し

むことは(㊵　　　　　　　)ともいわれる。近年では，地域の活性化を目的として映像

作品の誘致を行う(㊶　　　　　　　)という非営利組織が全国に設置され

ている。

1 次の(1)～(4)にあてはまる数字を，解答群から選び答えなさい。💡

【解答群】　28.4　　20　　1,724　　3,589

(1)　日本に存在する市町村の数(2020年8月1日現在)

(2)　人口50万人以上を擁する市のうち，政令で指定された市(政令指定都市)の数(2020年8月1日現在)

(3)　日本の65歳以上の人口(内閣府「令和2年版高齢社会白書」より)

(4)　日本の総人口に占める高齢化率(内閣府「令和2年版高齢社会白書」より)

(1)		(2)		(3)	万人	(4)	％

2 次の各文の下線部が正しい場合は○を，誤っている場合は正しい語句を書きなさい。

(1)　日本の人口は，上位八つの都道府県で総人口の半分を占めている。

(2)　国勢調査とは，総務省が基本的に10年に一度行う調査であり，日本国内の人口，世帯，産業構造などの実態を調べることを目的に行われる。

(3)　人口動態統計とは，一年を通して内閣府が集計・公表を行う出生・死亡・流入・流出及び死産・婚姻・離婚の集計である。

(4)　3～4時間で移動できる範囲の観光客に向けた地域の観光振興をマイクロツーリズムという。

(5)　自分が住む地域に対する誇りや愛着のことを，地域ブランディングという。

(6)　映像作品の舞台になったことで生まれた，新たな魅力や価値を活かした地域の観光振興をフィルムコミッションという。

(1)		(2)	
(3)		(4)	
(5)		(6)	

◆ 探究問題 2

●参照：4 観光ビジネスと地域

あなたの身近な地域の食材をふんだんに使った，「地産地消オリジナル弁当」を考案しよう。

1 お弁当箱を，⑴ご飯もの，⑵主菜，⑶副菜，⑷デザートに分け，それぞれで主として使用する地元産の食材を選定し，どのように調理するか考え，料理の絵や紹介文を書いてみよう。

⑴ご飯もの	⑵主菜
食　材（　　　　　　　　　）	食　材（　　　　　　　　　）
産　地（　　　　　　　　　）	産　地（　　　　　　　　　）
料理名（　　　　　　　　　）	料理名（　　　　　　　　　）
料理の絵，紹介文	料理の絵，紹介文
⑶副菜	⑷デザート
食　材（　　　　　　　　　）	食　材（　　　　　　　　　）
産　地（　　　　　　　　　）	産　地（　　　　　　　　　）
料理名（　　　　　　　　　）	料理名（　　　　　　　　　）
料理の絵，紹介文	料理の絵，紹介文

2 お弁当の魅力が伝わる⑴ネーミングと⑵キャッチコピーを考えよう。

⑴ネーミング	
⑵キャッチコピー	

フィルムツーリズムについて考えよう。

1 映画やドラマ，アニメなどの映像作品の舞台になったり，映像作品の舞台と似ていると話題になったりしたことで，観光地化(聖地化)した地域を調べてみよう。

2 教科書p.27のインタビューを読んで，映像作品の舞台になると地域にどのようなよい効果が生まれるか考えてみよう。

3 あなたの身近な地域に，映像作品の舞台になった場所や，映像作品の場面に似ている場所がないか探してみよう。

4 ③で探した場所についてSNSを使って情報発信をする場合，どのような写真を撮ると話題になるか，また，どのようなハッシュタグを付けて投稿すると拡散性が増すか考えてみよう。

次の(1)～(22)にあてはまる用語を書きなさい。

1回目
2回目

(1) 観光客が訪れようと思う対象になる事や物。（　　　　）

(2) 訪日外国人観光客による日本国内での消費活動。（　　　　）

(3) 自国から他国への旅行や，その旅行者のこと。（　　　　）

(4) 日本政府観光局が積極的な誘致を行っている，ビジネスイベントの総称。（　　　　）

(5) イスラム教の戒律において合法という意味。（　　　　）

(6) 肉や魚を食べない食習慣を持つ人。（　　　　）

(7) 肉や魚だけでなく卵・乳製品などの動物性食品も口にしない食習慣を持つ人。（　　　　）

(8) 小麦などに含まれるたんぱく質のグルテンを摂取しない食習慣のこと。（　　　　）

(9) 地域の資源を活用して誘客を促進し，地域経済の活性化に観光ビジネスで貢献すること。（　　　　）

(10) 国や地方自治体が行う(9)のための方針や取り組み。（　　　　）

(11) 国内外から観光客を誘致し，観光客が消費する金を国の経済を支える基盤の一つとすること。（　　　　）

(12) 2007年に施行された，観光立国実現のための基本理念を定めた法律。（　　　　）

(13) (12)にもとづいて定められたインバウンドを含めた日本観光に関する基本的な方針や目標。（　　　　）

(14) 国や地方自治体が，さまざまな取り組みを通じて地域の活性化を目指すことの総称。（　　　　）

(15) 2008年に国土交通省の外局として設置され，観光政策の立案や実行の中心的役割を担う組織。（　　　　）

(16) 国土交通省所管の独立行政法人で，訪日プロモーション事業の実施主体。（　　　　）

(17) 「観光地経営」の視点に立った観光地域づくりの舵取り役を担う組織。（　　　　）

(18) 自分が住む地域に対する誇りや愛着のこと。（　　　　）

(19) 1～2時間で移動できる範囲の観光客に向けた，地域の観光振興。（　　　　）

(20) 映画やドラマ，アニメなどの映像作品の舞台になったことで生まれた，新たな魅力や価値を活かした地域の観光振興。（　　　　）

(21) 映像作品の舞台になった地域で，作品のストーリーと重ね合わせながら観光を楽しむこと。（　　　　）

(22) 地域の活性化を目的として映像作品の誘致を行う非営利組織。（　　　　）

1節 旅行業

教科書 p.30〜39

● 要点整理

正答数 ／49問

教科書の内容についてまとめた次の文章の（　　）にあてはまる語句を書きなさい。

Check!

1 旅行業の役割と種類

教科書 p.30〜31

消費者に代わって宿泊施設や交通機関などの予約や手配を行ったり，それらを組み合わせた（① 　　　　　　　）の企画や販売，実施をしたりする業種を（② 　　　　　　　）という。

1）旅行業の役割

1 旅行者から見た役割

旅行者から見た（②）の役割は，具体的に次の3点である。

- ・予約や旅行商品における（③ 　　　　　　　）の提供
- ・予約や手配に伴う（④ 　　　　　　　）の軽減
- ・低価格や付帯サービスなどの（⑤ 　　　　　　　）の提供

旅行者は，（②）のおかげで商品の品質や料金の（⑥ 　　　　　　　）などの正しい情報を得られ，予約に伴う（⑦ 　　　　　　）を解消することができる。

2 供給者から見た役割

宿泊業や旅客輸送業などの供給者にとって（②）は，（⑧ 　　　　　　　）となって自社商品の販売を行ってくれる存在であり，特に需要の少ない（⑨ 　　　　　　　）の販売促進活動を行ってくれる，重要な（⑩ 　　　　　　　）である。

2）旅行業の担い手

（②）は，（⑪ 　　　　　　　），（⑫ 　　　　　　　）の二つに分類できる。これらは，一般消費者を対象に小売販売を行うため，（⑬ 　　　　　　　）と総称される場合もある。

1 旅行業者

（⑪）は，旅行者からの依頼で宿泊施設や交通機関などを手配する（⑭ 　　　　　　　）のほか，自社で（①）を企画，販売，実施することができる事業者である。旅行業法により，主に（⑮ 　　　　　　　）の可否と行先によって，第1種以下（⑯ 　　　　　　　）の種類に細分類されている。また，（⑪）のうち，主にパッケージツアーを企画し，（⑬）に販売委託する業態が（⑰ 　　　　　　　）であり，大手旅行会社の多くは，自社内に商品企画を担う（⑰）としての部署と小売販売を担う（⑬）としての部署を併せ持っている。

2　旅行業者代理業

(⑫)は他の旅行業者が実施する(⑮)や，いわゆるオーダーメイドツアーともいわれている(⑱　　　　　　　　　　　)，(⑭)などの(⑲　　　　　　　　　　)を行う事業者である。

2 旅行業の特徴と業務

教科書 p.34〜35

Check!

1）旅行業の特徴

1　仲介業であること

(②)は，旅行中に旅行者が受けるサービスを自らが直接行うのではなく，旅行者と供給者を(⑳　　　　　　　)する業種である。

2　サービスを扱うこと

(①)は事前に内容を確認することが難しいため，旅行者が想像していた旅行中に受けるサービスと実際のサービスの内容とが違うなどの(㉑　　　　　　　)を受ける場合があり，丁寧な説明を心がける必要がある。

3　新規参入しやすいこと

(②)は開業にあたって多額の(㉒　　　　　　　　)が必要ではないため，新規参入がしやすい業種である。近年では観光協会やDMOなど地域の観光関係者が(②)の登録をし，その地域ならではの(㉓　　　　　　　　)の開発を行っている。なお，旅行会社が企画し，販売する(①)を(㉔　　　　　　　　)という。

4　労働集約型産業であること

(②)は，旅行者の嗜好に合わせたサービスを提供する必要があるため，人間(社員)が終始業務に関わる必要がある(㉕　　　　　　　　)である。

2）旅行業の業務

(②)の業務は，主に個人が対象となる(㉖　　　　　　　　　　)と，団体が対象となる(㉗　　　　　　　　　)に分類することができる。

1　個人旅行に関する業務

(㉖)とは，個人や少人数で行う旅行や(㉘　　　　　　　)などの受注や手配のことである。主に(⑮)を取り扱い，販売は(㉙　　　　　　)やWeb販売の受付部署などが担当する。

2　団体旅行に関する業務

(㉗)とは，企業の(㉚　　　　　　　)や学校の(㉛　　　　　　　　)などの，団体で行う旅行の受注や手配のことであり，(㉜　　　　　　　　)が担当する。

近年，顧客の要望は多岐にわたり，旅行の手配だけではなく，イベントの企画・演出や，顧客の課題を解決するための(㉝　　　　　　　　　　)も展開している。

3 旅行業法と旅行業約款

1）旅行業法

旅行業において守るべき法律のひとつに(㉞　　　　　　　　　　)がある。旅行商品は形が無く，予期せぬ出来事の影響を受ける場合もあるため，旅行終了後に参加者が不満を持ちトラブルになる場合もある。こうした時に(㉟　　　　　　　　　)を保護するため，(㉞)が制定されている。旅行業の登録区分や，万が一，旅行会社が倒産した場合でも一定限度の補償が受けられるための(㊱　　　　　　　　　　)などが規定されている。

2）旅行業約款

「旅行者と旅行業者の約束事」であり，旅行の契約において生じる可能性のある問題点をまとめた契約文書のことを(㊲　　　　　　　　　)という。(㊲)により，旅行業者は旅行者一人ひとりと(㊳　　　　　　　　　)を確認する必要が無くなるが，旅行者にとって不利な内容にならないよう，法令により，(㊴　　　　　　　　　　)の認可を受ける制度となっている。ただし，(㊴)と消費者庁長官が定めた(㊵　　　　　　　　　)と同一の約款を用いる場合は，認可を受けたものとみなされる。

4 旅行業と地域の関わり

1）旅行業と地域のあゆみ

1990年代初頭の(㊶　　　　　　　　　　)が終焉した後，景気の低迷によって団体旅行などのパッケージツアーの観光客が減少し，旅行業や観光地は大きな影響を受けた。その際，注目されたのが(㊷　　　　　　　　)による(㊸　　　　　　　　　　)である。多くの(㊷)が(㊸)に取り組んだ結果，観光地間の(㊹　　　　　　　　)が激化し，他の地域とは異なる，その地域ならではの魅力ある着地型観光商品の開発が求められるようになった。

また旅行業にとっても，顧客の(㊺　　　　　　　　)がただ(㊻　　　　　　　　)ばかりを巡る観光からテーマを楽しむ観光へと変化しつつあった。そのため旅行業が地域と協力し，その地域の魅力をテーマにした着地型観光商品の企画が各地で進められた。

2000年代以降，国においても，地域における観光振興が政策として重視されるようになり，2008年の観光庁発足後には，各地のテーマツアーを(㊼　　　　　　　　　)と総称し，その推進を積極的に支援する政策が行われた。

2）旅行業と地域の動向

地域での着地型観光の振興を，地域の経済振興や(㊽　　　　　　　　)の促進につなげるためには，商品開発や運営を地域内の会社が行う必要がある。また，着地型観光の振興を推進するため，2013年より旅行業の業務区分に新たに(㊾　　　　　　　　　)が新設され，現在全国で多くの(㊾)の登録をした旅行会社が設立されている。

▶Step問題　　　　　　　　　　　　　　　正答数　　／32問

1 次の図は旅行業法における旅行の種類を示したものである。□にあてはまる語句を書きなさい。

```
              ┌────────────┐   ┌──────────────────┐
              │  企画旅行   │ ┌ │       (1)        │
┌──────────┐  └────────────┘ │ └──────────────────┘
│  旅  行   │ ┤              │ ┌──────────────────┐
└──────────┘  │              └ │       (2)        │
              │ ┌──────────────┐ └──────────────────┘
              └ │     (3)      │
                └──────────────┘
```

(1)		(2)		(3)	

2 次の各文の業務内容に該当する旅行業を解答群から選び、記号で答えなさい。

(1) 海外の募集型企画旅行以外の旅行はすべて扱うことができる。

(2) 海外旅行に関する業務は一切扱うことができない。

(3) 他の旅行業者が実施する各種旅行の代理販売を行う。

(4) すべての旅行業務を扱うことができる。

(5) 受注型企画旅行と手配旅行はすべて扱えるが、募集型企画旅行は限定条件がある。

【解答群】　ア　第1種旅行業　　イ　第2種旅行業　　ウ　第3種旅行業
　　　　　　エ　地域限定旅行業　　オ　旅行業者代理業

(1)		(2)		(3)		(4)		(5)	

3 次の各文の下線部が正しい場合は○を、誤っている場合は正しい語句を書きなさい。

(1) 観光協会やDMOが地域ならではの視点で企画した旅行商品を発地型観光商品という。

(2) 旅行業のような労働力に対する依存度が高い産業のことを資本集約型産業という。

(3) 個人旅行に関する業務では募集型企画旅行や手配旅行を扱うことが多い。

(4) 修学旅行は募集型企画旅行である。

(5) 旅行業は近年、顧客の課題を解決するソリューション・ビジネスも展開している。

(1)		(2)		(3)	
(4)		(5)			

4 次の旅行業者の旅行者に対しての責任に関する文章について，□□□にあてはまるものを解答群から選び記号で答えなさい。💡

　旅行者に対する旅行業者の責任は大きく三つある。一つ目は，旅行業の業務全般に対して生じるもので，　(1)　を守らなかった場合の一般的な責任であり，損害賠償の対象となる　(2)　責任である。二つ目は，企画旅行に対するもので，旅行前，旅行中において計画に定めるサービス提供のための必要な措置を行うという　(3)　責任と旅行内容に変更があった場合，過失の有無に関わらず変更補償金を支払う　(4)　責任である。三つ目は　(5)　責任であり，これは企画旅行において，旅行中に旅行者が受けた損害に対し，過失の有無に関わらず旅行業者が補償する責任のことである。

【解答群】　ア　特別補償　　　イ　旅程保証　　　ウ　債務不履行
　　　　　　エ　契約事項　　　オ　旅程管理

(1)		(2)		(3)		(4)		(5)	

5 次のニューツーリズムに関する文章について，□□□にあてはまるものを解答群から選び記号で答えなさい。

　ニューツーリズムは，観光庁によると，「従来の　(1)　的な観光旅行に対して，これまで　(2)　としては気づかれていなかったような　(3)　の資源を新たに活用し，　(4)　・　(5)　の要素を取り入れた観光」と定義されている。

【解答群】　ア　地域固有　　　イ　観光資源　　　ウ　体験型
　　　　　　エ　物見遊山　　　オ　交流型

(1)		(2)		(3)		(4)		(5)	

6 旅行業においては，旅行者に対して特に丁寧な商品説明を心がける必要があるが，それはなぜか。旅行商品の特徴を踏まえて120字程度で説明しなさい。✏️

7 次の(1)〜(5)について，旅行業者の責任として損害賠償金の対象となるものにはＡ，変更補償金の対象となるものにはＢ，特別補償責任の対象となるものにはＣ，それ以外はＤで答えなさい。💡

(1) 航空会社のオーバーブッキングにより，搭乗する便を変更することになった。

(2) 台風直撃のため，乗車予定の新幹線が運休となり，旅行日程の変更が生じた。

(3) 手配内容を間違えられ，申込みしたホテルよりグレードの低いホテルに宿泊した。

(4) 販売したツアー参加中に，旅行者が美術館の展示品を故意に損傷させた。

(5) 企画旅行に参加中の旅行者が持参していたバッグが盗まれた。

(1)		(2)		(3)		(4)		(5)	

8 教科書p.33の「2．ツアーパンフレットをみてみよう」を参照し，次の問いに答えなさい。💡

(1) 9月5日出発のプランに1名で申込みを行ったところ，旅行業者から「5日に予約を承ることは可能であるが，翌週の12日出発はどうか」との提案があった。なぜこのような提案がされたのか，最も適切だと思われるものを次の**ア〜ウ**の中から一つ選び，記号で答えなさい。

ア 9月5日出発のプランより，12日出発のプランの方が安いから。

イ 12日は，最少催行人員が1名のため，申込みの時点で実施が確定するから。

ウ 9月5日出発のプランは，フライト追加代金が加算されるから。

(1)	

(2) 以下の条件で旅行代金を計算しなさい。

【申込人数】 大人1名　小人1名　　合計2名

【出発日】 6月24日(木)

【希望ホテル・部屋タイプ】

　　　　　1泊目：Ａ観光ホテル　　　　2名1室

　　　　　2泊目：Ｄリゾートホテル　　2名1室

　　　　　3泊目：Ｆリゾートホテル　　2名1室

旅行代金

(2)	①大人1名	円	②小人1名	円

2節 宿泊業

教科書 p.40～47

● 要点整理

正答数 ／50問

教科書の内容についてまとめた次の文章の（　　　）にあてはまる語句を書きなさい。

1 宿泊業の役割と種類

教科書 p.40

Check!

宿泊サービスや，宿泊に伴う飲食，催事などの各種サービスを提供する業種のことを，（①　　　　　　　　　）という。

１）宿泊業の役割

旅先での宿泊は，観光の大きな楽しみの一つである。例えば，和風旅館での宿泊では，旅行客は施設や客室に滞在しながら（②　　　　　　　　　　　　）を楽しみ，会席料理や温泉，（③　　　　　　　　　　　）などを堪能する。宿泊業は，観光における楽しみを複合的に提供する役割を担っている。また，都市部にあるホテルは，まちの中心地など目立つ場所に位置する場合も多く，宿泊以外にもレストランでの食事や式場での（④　　　　　　　），ラウンジなどで行われる（⑤　　　　　　　　　）の打ち合わせなど，さまざまな目的を持って多くの人が集まる（⑥　　　　　　　　　）も持つ場所である。

２）宿泊業の種類

（①）は施設の（⑦　　　　　　　　　）や，立地，対象顧客，利用形態などによってさまざまな宿泊施設がある。例えば国内には，海外の（⑧　　　　　　　　　　　）から一部の国際的なホテルに（⑦）が格付けられていたり，立地により都市部の（⑨　　　　　　　　　　　　），観光地の（⑩　　　　　　　　　　）などの種類があったりする。旅館は主に和風の施設を有し，（⑪　　　　　　　）が基本だが，民宿は「（⑫　　　　　　　　　）で（⑬　　　　　　　　　）する構造と設備」を持つとされており，（⑭　　　　　　　　　）ハウス，（⑮　　　　　　　　）ホステルなどと同じで，必ずしも（⑪）でなくてもよい，とされている。

2 宿泊業の特徴と業務

教科書 p.41～42

Check!

１）宿泊業の特徴

① 経営における特徴

⑴労働集約型産業であること

（①）の行うサービスは，利用者を客室へ案内する，料理を提供するなど人が行うサービスが多い（⑯　　　　　　　　　　　）である。そのため，費用に占める（⑰　　　　　　　　）の割合が大きく，固定費の負担が大きい。

(2)装置産業であること

　宿泊などのサービスを提供するためには大規模な施設や設備が必要になる場合が多く，大きな(⑱　　　　　　　)が必要になる。このようなサービスの提供に巨大な装置を必要とする産業は，(⑲　　　　　　　)とも言われる。

　(⑲)は(⑳　　　　　　　　　)の一種であり，(①)は(⑯)と(⑳)の二つの特徴を併せ持つ産業である。

(3)経営形態が多様であること

　規模の大きな宿泊業では多額の投資や専門的な(㉑　　　　　　　　　　)が必要となり，宿泊施設の所有((㉒　　　　　　　　))，経営(経営者)，運営((㉓　　　　　　　　　))，の業務を専門性のある企業が個別に担当する場合が多く，それぞれの業務と担当する会社の組み合わせにより(㉔　　　　　　　　　　)などの経営形態が存在する。

2 サービス面における特徴

　ホテルや旅館などの宿泊施設は，旅行，(㉕　　　　　　　)，記念日の食事など，いわゆる「(㉖　　　　　　　)」として利用される場合も多い。それらに見合う質の高いサービスや(㉗　　　　　)が顧客から求められるため，宿泊業では常に従業員に対する教育を行う必要がある。

3）宿泊業の業務

1 宿泊部門

　宿泊客の滞在に快適なサービスの提供を行う部門が(㉘　　　　　　　)である。宿泊当日の受付・取消・変更や，滞在中の相談窓口となる(㉙　　　　　　　)，客室清掃などの(㉚　　　　　　　)を担っている。

2 料飲部門

　宴会や婚礼の際の飲食の提供を行う部門が(㉛　　　　　　)である。利用者の希望に応じて，(㉜　　　　　　)なども担っている。

3 営業部門

　客室の予約管理，宿泊や宴会の受注のための営業，キャンペーンの実施など，対外的な営業業務を行っているのが(㉝　　　　　　)である。予約部署では需要予測や予約状況に応じて，販売時期や販売方法ごとに料金や提供客室数を変動させる販売戦略に関する業務である(㉞　　　　　　　)を担っている。

4 総務部門

　施設の管理や総務・経理業務を担っているのが(㉟　　　　　　)である。

Check!

3 宿泊業の関連法規

教科書 p.43

1）宿泊業と旅館業法

（㊱　　　　　　　　　　　）は，宿泊業を（㊲　　　　　　　　　　），簡易宿所営業，下宿営業の３種類に分けており，それぞれの業務を規定している。例えば，旅館業を営もうとする場合は（㊱）にもとづく（㊳　　　　　　　　　），（㊴　　　　　　　　　）をクリアしたうえで，（㊵　　　　　　　　　　）に認可をもらわなければならない。

2）宿泊業の安全管理

宿泊業における安全管理は，衛生管理面については（㊶　　　　　　　　　　）が通知する（㊷　　　　　　　　　　　　　）において規定されている。防火・防災面については，（㊸　　　　　　　　）と（㊹　　　　　　　　　　）において規定されている。

4 宿泊業と地域の関わり

教科書 p.44

1）宿泊業と地域の関係

宿泊業は地域の食材などを一年を通して（㊺　　　　　　　　　　）する存在であり，さらに宿泊客が地域の観光施設や土産物店などに利益をもたらす（㊻　　　　　　　　　）や，地域に安定的な（㊼　　　　　　　）を生み出している。また宿泊業にとっても，地域の持つ（㊽　　　　　　　　　）は，宿泊業の事業に大きな影響を与える。

2）宿泊業と地域の魅力づくり

今日では観光客は，地域が持つ歴史的なストーリーやまちづくりのコンセプトなどを，（㊾　　　　　　　　）に楽しむことができる観光地を選択するようになっており，宿泊業にも，地域の（㊿　　　　　　　　）に積極的に協力していくことが求められている。

▶Step 問題

正答数　　　／11問

1 次の各文の下線部が正しい場合は○を，誤っている場合は正しい語句を書きなさい。

⑴　旅館業法において民宿やゲストハウスは旅館営業として許可されている。

⑵　宿泊業の防火・防災面の安全管理については，消防法と建築基準法に規定がある。

⑶　旅館業法において唯一期間の定めがあるのは，簡易宿所営業である。

⑷　「旅館業における衛生等管理要領」は，国土交通省より通知される。

⑸　「旅館業における衛生等管理要領」は，衛生面と経営面の管理を目的としている。

(1)		(2)		(3)	
(4)		(5)			

2 次の図はホテルの宿泊部門の業務を示したものである。(1)〜(4)にあてはまるものを解答群から選び，記号で答えなさい。

宿泊部門	部署	主な業務内容
	(1)	チェックイン，チェックアウトの受付，当日の変更や取消，電話対応など
	(2)	玄関での接遇，駐車場管理，タクシー手配，手荷物運搬，荷物預かりなど
	(3)	観光案内や手配の受付，滞在中のさまざまな相談受付など
	(4)	客室の清掃，ベッドメイク，消耗品補充，忘れ物管理など

【解答群】　ア　コンシェルジュ　　イ　ハウスキーピング
　　　　　　ウ　ベル・クローク　　エ　フロント

(1)		(2)		(3)		(4)	

3 宿泊業においては，レベニューマネジメントをはじめとした営業活動が重要といわれるが，それはなぜか。宿泊商品の特性を踏まえ，80字程度で説明しなさい。🖉 💡

4 宿泊業におけるフランチャイズ方式の説明として，最も適切なものを一つ選び，記号で答えなさい。

　ア　運営会社(フランチャイズ本部)は，実際のホテル経営や運営業務に集中し，その収益の一部を権利使用料(ロイヤリティ)として，オーナー(加盟店)に支払っている。

　イ　運営会社(フランチャイズ本部)は，建物や備品，什器の管理から従業員の雇用まで，ホテルの運営業務全般を担っている。

　ウ　運営会社(フランチャイズ本部)は，ホテルの経営ノウハウやブランドの名称をオーナー(加盟店)に提供する見返りとして，権利使用料(ロイヤリティ)を受け取っている。

3節 旅客輸送業

教科書 p.48～55

● 要点整理

正答数 ／57問

教科書の内容についてまとめた次の文章の（　）にあてはまる語句を書きなさい。

Check!

1 旅客輸送業の役割と種類

教科書 p.48

公共交通機関と呼ばれるものも多く，通勤や通学など，私たちの生活を支えるインフラとしての役割を担っているものが（①　　　　　　　）である。ここでは，観光ビジネスでの（①）の役割や種類をみていこう。

1）旅客輸送業の役割

（①）は観光において，（②　　　　　　　）で（③　　　　　　　）に観光地を訪れる交通手段としての役割を担っている。日本の観光は鉄道業における（④　　　　　　　）や，自動車の高速交通を可能にした全国的な交通網である（⑤　　　　　　　）の開通などの，（⑥　　　　　　　）の発達とともに成長してきた。また近年では，乗り物そのものを楽しむ観光が盛んになっており，（①）に（⑦　　　　　　　）が求められている。

2）旅客輸送業の種類

（①）は，観光地までの交通手段として使用される（⑧　　　　　　　）と，観光地に着いてからの交通手段として使用される（⑨　　　　　　　）とに分けることができる。

2 旅客輸送業の特徴

教科書 p.49～51

Check!

1）鉄道業

輸送手段としての鉄道の主な特徴は，（⑩　　　　　　　）に優れ，（⑪　　　　　　　）が可能な点などである。これらの特徴によって，鉄道は私たちの通学や通勤を支える（⑫　　　　　　　）となっている。

① 鉄道業の特徴

観光ビジネスにおいて，鉄道業は観光客を観光地に送り届けるための，輸送サービスの一つを担っている。また，鉄道業は，沿線の（⑬　　　　　　　）の開発や（⑭　　　　　　　）の設置・誘致などを行い，沿線住民を獲得する（⑮　　　　　　　）や，沿線にテーマパークなどの施設を設置・誘致する（⑯　　　　　　　）など，経営を多角化することで沿線の魅力を向上させる取り組みを行っている。

② 鉄道業の業務

運行は鉄道本部に統括され，その下に駅業務を管轄する駅業務部，鉄道の魅力向上や誘客を担当する営業本部，運転手などの育成を担当する（⑰　　　　　　　）などがある。

2）航空業

航空業は日常的に（⑱　　　　　）に運航を行っており，（⑲　　　　　）の影響を受けて，運航路線が変更・廃止になる場合もある。日本では2000年に初めて国内線の路線・運賃が自由化され，2007年には国際線の（⑳　　　　　）が始まるなど，人・物の流通が促進された。

1　アライアンスの進展

航空会社のグループ化や，協力体制のことを（㉑　　　　　）という。航空会社はこの提携によって，（㉒　　　　　）の運航などの運航面や，機体整備の共有や（㉓　　　　　）の一括購入などの（㉔　　　　　）で，大きなメリットがある。

2　イールドマネジメントの実施

近年，航空便の予約の多くはインターネットを介して行われるようになり，1980年代からアメリカで進展しつつあった（㉕　　　　　）が，日本国内でも定着した。イールドとは（㉖　　　　　）のことであり，㉕とは，航空便１機に対しての（㉗　　　　　）に応じて，料金設定と提供座席数を細かく設定することで，航空便１機当たりの（㉘　　　　　）を目指す販売戦略のことである。

3　LCCの登場

簡素化されたサービスにより，低価格で航空輸送サービスを提供する航空会社のことを（㉙　　　　　）という。アメリカで1970年代に登場し，日本では2012年にサービスが開始され，若年層の（㉚　　　　　）の増加や，アジアなどの（㉛　　　　　）の誘致にも大きく貢献している。

3）道路旅客運送業

道路旅客運送業は，乗車人数が多い（㉜　　　　　）と，少人数から利用が可能な（㉝　　　　　）に分けることができる。両者は（㉞　　　　　）が異なり，乗車定員数も（㉟　　　　　）名以上がバス，（㊱　　　　　）名以下がタクシーと定められている。

1　バス事業の種類

㉜は，大きく（㊲　　　　　）と（㊳　　　　　）に分けられる。㊲には，地域内を運行する路線バスのほか，全国を結ぶ（㊴　　　　　），空港などへ運航する（㊵　　　　　），また地域の観光のための（㊶　　　　　）などがある。㊳は，利用者の依頼にもとづき貸し切って運行されるバスであり，日本では団体旅行の手段として広く利用されたが，近年では主に（㊷　　　　　）のツアーバスとして運行している場合が多い。

2 バス事業の特徴

バス事業の特徴は，地域内のバス会社間で（㊸　　　　　　　　）が構築されている場合が多く，大量の台数の発注にも対応できることである。この特徴は，（㊹　　　　　　　　）などが行われる際に最も力を発揮する。また，貸切バスにおいては，（㊺　　　　　　　　）の自由度が高いことも，特徴の一つである。近年では，車両の車高を低くし，車いす用のリフトを装着するなど，（㊻　　　　　　　　）な交通を目指した改良も進められている。

4）水運業

バイクや車とともに乗船することができる（㊼　　　　　　　　）には，長距離（㊼）や中距離（㊼）がある。日本国内の主要港に寄港する外国からの（㊽　　　　　　　　）は，乗客が買い物や飲食などを寄港地で行うため，地域への大きな（㊾　　　　　　　　）をもたらしている。

Check!

3 旅客輸送業の関連法規

教科書 p.52

1）旅客輸送業の関連法規

旅客輸送業の関連法規は，事業により異なる。また，各事業における約款は，各社が定めているが，各事業について（(50)　　　　　　　　）が標準となる約款を定めている。

2）旅客輸送業の安全管理

旅客輸送業にとって，運行上の（(51)　　　　　　　　）は最も大切な業務である。多くの会社では安全推進のための会議を定期的に開催し，事故などに関する最新情報の共有や，労働災害の防止などを確認するなど，安全管理の（(52)　　　　　　　　）を実践している。また，防災訓練や避難訓練の実施とともに，国土交通省によって行われる定期的な保安や安全に関する（(53)　　　　　　　　）に加えて，自社で（(53)）を実施している事業者も多い。

Check!

4 旅客輸送業と地域の関わり

教科書 p.53

1）旅客輸送業を地域に存続させるための取り組み

（(54)　　　　　　　　）は，地域の鉄道を存続させるための有効な取り組みとして考案された。これは車両の保全と旅客の輸送（上）と，線路の敷設や管理（下）を，別の組織が行う経営方式のことである。日本の鉄道会社は，これまでその両方を行うことが一般的だったが，鉄道会社が車両の保全と旅客の輸送（上）に（(55)　　　　　　　　）を集中できるため，努力すれば（(56)　　　　　　　　）が可能になりやすい。

2）二次交通の魅力による観光振興

近年では，二次交通を提供する企業が営業努力として工夫を凝らした魅力づくりやおもてなしを行った結果，交通手段としてだけでなく，地域の（(57)　　　　　　　　）になった例が各地に見られる。

▶Step 問題

1 次の(1)〜(5)に最も関係の深い旅客輸送業を解答群から選び，記号で答えなさい。

(1) 豪華な娯楽施設などを備え，主要港への寄港を繰り返しながら移動している。

(2) あらかじめ目的地を決めていなくても，時間で貸切ることができる。

(3) 定時性に優れ，安全性が高く，高速に大量に輸送でき，環境にやさしい。

(4) 国内や世界各地に運航を行っており，世界中で協力体制がつくられている。

(5) 乗降場所の自由度が高く，地域の同業社間で協力体制が構築されている。

【解答群】　　ア　鉄道業　　　イ　バス事業　　　ウ　水運業

　　　　　　エ　航空業　　　オ　タクシー事業

(1)		(2)		(3)		(4)		(5)	

2 次の各文の下線部が正しい場合は○を，誤っている場合は正しい語句を書きなさい。

(1) 旅客輸送業に関する標準的な約款は，国土交通省が定めている。

(2) 沖縄旅行の際，地元の空港から那覇空港までの航空機による移動を二次交通という。

(3) 需要の変動に応じて価格を設定することをハイ・ロー・プライシングという。

(4) 上下分離方式では，鉄道会社が車両の保全と線路の敷設に資本を集中できるため，黒字化が可能になりやすい。

(5) 航空業において，需要予測に応じて提供座席数や価格を設定し，1機あたりの収益の最大化を目指す販売戦略を，イールドマネジメントという。

(1)		(2)		(3)	
(4)		(5)			

3 鉄道業が輸送サービスだけでなく，沿線開発や観光地開発を行っている理由について120字程度で説明しなさい。

4節 娯楽業

教科書 p.56〜59

● 要点整理

正答数 ／22問

教科書の内容についてまとめた次の文章の（　）にあてはまる語句を書きなさい。

Check!

1 娯楽業の役割・種類・歴史

教科書 p.56〜57

公園，遊園地，テーマパークなど（①　　　　　　　）にはさまざまな種類がある。

1）娯楽業の役割

（①）は，子どもも大人も楽しめる，（②　　　　　　　）にとって重要な施設である。これらは地域の観光資源であり，その（③　　　　　　　）が周辺の宿泊施設や商業施設に及ぶ場合も多い。また，地域に多くの（④　　　　　　　）を生み出している。

2）娯楽業の種類

① 遊園地

一般に乗り物などの遊具を備えた施設のことを（⑤　　　　　　　）という。入場料が無料のところもある。主に（⑥　　　　　　　）の遊具や施設を充実させているもの，草花や湖など（⑦　　　　　　　）の中での遊具を充実させているものなどがある。

② テーマパーク

統一したテーマにもとづいてパーク全体をデザインし，施設を設置し，運営されるものを（⑧　　　　　　　）という。

3）娯楽業の歴史

① 娯楽業のはじまり

（⑤）は，17世紀のイギリスで（⑨　　　　　　　）と呼ばれる貴族の庭園が市民に開放されたことがはじまりとされている。その後19世紀に入るとアメリカで（⑤）が誕生し，広がっていった。（⑧）は，1950年代に（⑩　　　　　　　）が，アナハイムに開設したものが契機となり，世界中に広がっていった。

② 日本での娯楽業のはじまり

日本での（⑤）のはじまりには諸説あり，（⑪　　　　　　　）初期から末期にかけて東京や大阪で始まったとされている。（⑧）に類する施設は，本格的には，1983年の千葉県と長崎県の（⑧）の開設がそのはじまりとされている。

③ 日本の娯楽業の新展開

今日では鉄道や菓子など多様なテーマを持つ（⑧）が注目されている。また，名産品などをテーマに（⑫　　　　　　　）を（⑧）とみなした取り組みも各地で計画が進んでいる。

2 娯楽業の特徴

Check!

1）経営面の特徴

① **労働集約型産業であること**

テーマパーク業は，人間による労働力の業務割合が大きい（⑬　　　　　　　）
である。アトラクションの安全管理の必要性から，運営するうえで必要な人員の数が定め
られており，（⑭　　　　　　　　）を上げるためにも人が行うサービスを安易には減ら
せない。そのため人件費がかかり，（⑮　　　　　　　　）の負担が大きくなるため，収益が
出にくい。

② **装置産業であること**

テーマパーク業は，サービス提供のために巨大な装置を必要とする（⑯　　　　　　　）
である。開業時の（⑰　　　　　　　　）をはじめ，新規アトラクションの導入などを行う
ためには，多額の（⑱　　　　　　　）が必要になる。

2）経営面の工夫

2010年に再建されたH社は，（⑲　　　　　　　　　）のために１人の社員が複数の仕事
をこなす（⑳　　　　　　　　　）を導入し，費用を削減した。また，（⑧）業が収入を
増加させるためには，テーマパークに高い信頼を持つ（㉑　　　　　　　　）を獲得し，
高い頻度でリピートしてもらうことが重要である。そのためには顧客が何度も来たくなる
ような（㉒　　　　　　　　）を継続して行うことが大切である。

▶Step問題

正答数　　／1問

1 「テーマパーク業は収益が出にくい」と言われているがそれはなぜか，100字程度で説明しなさい。🖉

5節 その他の産業

教科書 p.60〜63

● 要点整理

正答数 ／25問

教科書の内容についてまとめた次の文章の（　　　）にあてはまる語句を書きなさい。

Check!

1 博物館の役割と特徴

教科書 p.60〜61

歴史博物館や美術館，動物園，水族館などの文化施設を（① 　　　　　　　）という。近年では地域の観光施設としての役割も期待されている。また，（② 　　　　　　　）のほか，タイムリーな（③ 　　　　　　　）やイベントなどを行うことで，集客に成功している例もある。

1）美術館の役割と特徴

美術館の所蔵品は，歴史や文化的背景を持つ作品が多い。近年では，現代アート作家や建築家との協働による（④ 　　　　　　　）を展示する美術館もある。これは，（⑤ 　　　　　　　）で，その場所の（⑥ 　　　　　　　）を活かして制作された美術作品のことであり，その場所に置かなければ成立しないという特徴がある。

2）動物園や水族館の役割と特徴

動物園や水族館はその土地に生息していない（⑦ 　　　　　　　）なども展示されている，重要な文化施設である。

① 動物による魅力づくりが可能

動物園や水族館には，条件が合えば新たに生き物を展示することができ，施設の新たな魅力になる。また展示動物の（⑧ 　　　　　　　）に成功すれば，動物の赤ちゃんが大きな人気を集めることも多い。例えば，東京の（⑨ 　　　　　　　）で誕生したパンダの赤ちゃんが一般に公開された際は，多くの来園者が訪れた。

② 生き物ならではの不安材料

動物園や水族館は，（⑩ 　　　　　　　）として生き物を扱うため，それらに病気や死亡などの（⑪ 　　　　　　　）がある。そのため経営者は，生き物の飼育に細心の注意を払う必要がある。

③ 展示方法の工夫

近年では新たな魅力づくりとして，工夫を凝らした展示方法や新たな企画が考案され，人気を集めている。例えば，生き物が見せる習性や行動を，檻や水槽を工夫することによって来場者に見せる（⑫ 　　　　　　　）がある。また，夜間の生き物の行動を楽しむことが出来る（⑬ 　　　　　　　）を行う水族館も増えている。

2 飲食業の役割と特徴

教科書 p.62

Check!

（⑭　　　　　　　）は観光の大きな楽しみの一つである。日本の（⑮　　　　　　　）は，観光の発展とともに，土産物店に併設された食事場所，現地の料理店など，観光地での主に（⑯　　　　　　　）として成長を遂げてきた。

近年の飲食業の特徴は，（⑰　　　　　　　）や訪日外国人観光客への対応が求められていることと，（⑱　　　　　　　）の観光地化がある。

3 土産物店の役割と特徴

教科書 p.62

Check!

日本には古くから，旅行者に（⑲　　　　　　　）を渡す習慣がある。そのお礼として，（⑳　　　　　　　）は旅行に欠かせない存在だった。そのため，（㉑　　　　　　　）はこれまでドライブイン，（㉒　　　　　　　），高速道路の（㉓　　　　　　　），駅や空港の売店と，時代に応じて拡充・整備されてきた。近年注目されているのが，建物など地域一体を修復・修景した，観光地や都市部の小規模な（㉑）が集まる地区である。これらの地区では，地域の伝統的な建築物の（㉔　　　　　　　）や（㉕　　　　　　　）は残しつつ，機能性や居住性を向上させた修復・修景を地域で一体的に行っている。

▶Step 問題

正答数　　／5問

1 次の各文の下線部が正しい場合は○を，誤っている場合は正しい語句を書きなさい。

(1) 第一義的には，博物館は資料収集や保存を目的とする<u>テーマパーク</u>である。

(2) <u>野外フェスティバル</u>は，地域の名産品・特産品のプロモーション活動の場にもなる。

(3) 特定の場所で，その場所の特性を活かして制作された美術作品を<u>パブリック・アート</u>という。

(4) 3年ごとに開催される国際的な催事を，<u>ビエンナーレ</u>という。

(5) 古くから日本では，旅行者が餞別のお礼として<u>土産物</u>を活用していた。

(1)		(2)		(3)	
(4)		(5)			

　あなたは，ある旅行販売店で個人旅行に関する業務を担当しています。本日も顧客から旅行相談を受けました。顧客の要望に沿う施設や商品を調べ，顧客にどのような提案をすればよいか考えてみよう。

【条件】　・旅行販売店の所在地（旅行者の出発地）は，学習者の地元の市町村とする。

　　　　　・提案内容は旅行先となる一つの都道府県内の施設や商品から選び，顧客への応対を想定した「話し言葉」で解答をまとめる。

【顧客】　Ａさん（20代女性・旅行経験少ない・運転免許あり・思い出づくりを重視）

　　　「8月の1週目に，2泊3日で恋人と九州に旅行に行きたい。宿泊施設はどちらか1泊は海がきれいに見えるところがよい。九州の名物を二つほど食べてみたい。観光スポットは有名な所でよいが，何か体験ができるところに行きたい。」

① 顧客の要望に沿った旅行の提案をまとめてみよう。

	（　　　　　　　　　　）県
旅行先	（理由）
海の見える おすすめの 宿泊施設 （1か所）	（施設名）
	（理由）
どんな名物が 食べられるか （2種類）	（商品名）
	（商品名）
体験のできる 観光スポット	（スポット名）
	（体験内容）

◆ 探究問題 **5**

●参照：特集 宿泊業の接遇

　あなたは，ある老舗旅館の営業部門の担当者です。宿泊業において大切な「おもてなし」や「心遣い」から，新しい宿泊プランやサービスについて考えてみよう。

1 「小さな子ども連れのファミリー向け」「女子旅向け」「シニア向け」「ペット宿泊可」などの宿泊プランを販売しているホテルや旅館を調べ，どのような宿泊商品やサービスを提供しているか，特徴的なものを書き出してみよう。

2 次のそれぞれの宿泊客に対して，宿泊商品やサービス以外に提供できる「心遣い」にはどのようなものがあるか，考えてみよう。

赤ちゃんを連れた ファミリー客	
20代女性だけの グループ旅行客	
高齢者の団体旅行客	

3 ②の心遣いから，サービスとして具現化した宿泊プランを考えてみよう。

赤ちゃんを連れた ファミリー客向け	
20代女性だけの グループ旅行客向け	
高齢者の団体 旅行客向け	

あなたは，地元の旅客輸送業（鉄道・バス・フェリーなど，学習者の生活環境で想定する）の企画担当者です。観光客を呼び込むため，上司から新しい企画の考案を依頼されました。下の条件をもとに，先行事例の調査を行ってから，企画書（一部）を作成してみよう。

【条件】　・既存の車両や船を使用したイベント

　　　　　・ハード面の改装や料金の割引ではなく，イベントの内容を考える

① 旅客輸送業が実施した車両や船を利用したイベントについて，先行事例を調べてみよう。

　　※事業者（地域はこだわらない）が実施するイベントの目的，名称，概要，日程など

検索キーワード：「イベント列車」「バスを使ったイベント」「フェリーのイベント」など	
事例1	
事例2	

② ①の先行事例を参考に，地元で開催するイベントの企画書（一部）を作成してみよう。

観光客集客のための新規イベント企画書

○イベント名

○イベント内容

○どのような効果が期待できるか

次の(1)～(25)にあてはまる用語を書きなさい。

1回目□ (1)　自社で旅行商品の企画や販売，実施
2回目□ を行う旅行業。　（　　　　　　　　）

□ (2)　他の旅行業者が実施する旅行商品の
□ 代理販売を行う旅行業。
（　　　　　　　　）

□ (3)　消費者を対象に小売販売を行う旅行
□ 業の総称。　　　（　　　　　　　　）

□ (4)　主にパッケージツアーを企画し，リ
□ テーラーに販売する旅行業者。
（　　　　　　　　）

□ (5)　旅行者の依頼により，旅行業者が交
□ 通機関や宿泊施設の手配を行う旅行。
（　　　　　　　　）

□ (6)　旅行業者があらかじめ目的地や日程
□ を企画して，旅行者を募集する旅行。
（　　　　　　　　）

□ (7)　旅行者からの依頼により，旅行業者
□ が日程や目的地を企画する旅行。
（　　　　　　　　）

□ (8)　旅行業者が企画販売する観光商品。
□ （　　　　　　　　）

□ (9)　地域が企画する観光商品。
□ （　　　　　　　　）

□ (10)　労働力に対する依存度が高い産業。
□ （　　　　　　　　）

□ (11)　個人で行う旅行の受注や手配に関す
□ る業務。（　　　　　　　　）

□ (12)　団体で行う旅行の受注や手配に関す
□ る業務。（　　　　　　　　）

□ (13)　旅行業において守るべき法律。
□ （　　　　　　　　）

□ (14)　旅行の契約において生じる可能性の
□ ある問題点をまとめた契約文書。
（　　　　　　　　）

□ (15)　資本設備への依存が高い産業。
□ （　　　　　　　　）

□ (16)　加盟契約により経営ノウハウを使用
□ する代わりに，ロイヤリティを支払う
経営形態。（　　　　　　　　）

□ (17)　需要予測から料金や提供客室数を変
□ 動させる販売戦略。
（　　　　　　　　）

□ (18)　観光地までの交通手段として使用さ
□ れる旅客輸送業。（　　　　　　　　）

□ (19)　観光地での交通手段として使用され
□ る旅客輸送業。　（　　　　　　　　）

□ (20)　航空会社のグループ化や協力体制。
□ （　　　　　　　　）

□ (21)　需要の変動に応じて価格を設定する
□ 販売戦略。
（　　　　　　　　）

□ (22)　低価格かつ簡素化されたサービスを
□ 提供する航空会社。（　　　　　　　　）

□ (23)　旅客の輸送と線路の敷設などを分割
□ して別の組織が行う経営方式。
（　　　　　　　　）

□ (24)　人件費圧縮のため，一人の社員が複
□ 数の仕事をこなすこと。
（　　　　　　　　）

□ (25)　特定の場所で，その場所の特性を活
□ かして制作された美術作品。
（　　　　　　　　）

▲アプリは
こちらから

アプリでほかの問題にもチャレンジしてみよう！

1節 観光ビジネスの顧客

教科書 p.66〜75

● 要点整理

正答数 ／51問

教科書の内容についてまとめた次の文章の(　　　)にあてはまる語句を書きなさい。

Check!

1 観光客の概念

教科書 p.66〜67

現代では，気軽に観光する機会が増え，形態や目的は多様化している。旅行の形態は，目的別でみると，公務員などの出張や業務旅行である(①　　　　　　　　)，民間企業で働く会社員の出張や業務旅行である(②　　　　　　　　)，(③　　　　　　　　)，その他の旅行(帰省やスポーツ遠征，冠婚葬祭による旅行など)に分類できる。

1)観光客の定義

世界の観光の推進に取り組む(④　　　　　　　　　　　)(UN Tourism)では，観光客を「どのような目的であれ旅行する人々すべて」と定義している。

2)さまざまな観光統計と目的

観光客の動向や傾向を正しく把握するために，(⑤　　　　　　　　)は必要不可欠である。(⑤)では，延べ宿泊者数をみる(⑥　　　　　　　　)，出入国者数を測る(⑦　　　　　　　　　　)，観光客の消費実態を知る(⑧　　　　　　　　　　)，各地方自治体を訪れる観光客数を表す(⑨　　　　　　　　)などがある。

Check!

2 観光客の種類

教科書 p.68〜69

1)日帰り客と宿泊客

観光地で宿泊せずに次の場所へ移動する観光客のことを (⑩　　　　　　　)といい，観光地で宿泊する観光客のことを(⑪　　　　　　　)という。(⑪)は(⑩)に比べ滞在時間が長くなるため，より大きな(⑫　　　　　　　)をもたらす存在である。

2)インバウンドとアウトバンド

他国から自国を訪問する旅行やその観光客のことを(⑬　　　　　　　)という。例えば日本においては，外国人の訪日旅行や(⑭　　　　　　　)を意味する。また，自国から他国への旅行やその観光客のことを(⑮　　　　　　　)という。

3)個人旅行客と団体旅行客

個人や少人数で旅行をする観光客のこと(⑯　　　　　　　)といい，特に個人手配で海外旅行をする人々のことを，(⑰　　　　　　　)という。集団で旅行をする観光客のことを(⑱　　　　　　　)という。

3 観光客の行動

Check!

1）観光客の行動パターン

① 単一目的地型

日帰りや短期旅行，出張などで，出発地から目的地までを（⑲　　　　　　）で往復する観光客の行動パターンを（⑳　　　　　　　）という。

② 拠点地型

夏の避暑地や冬のスキーといったリゾート地での滞在型観光で，拠点地をベースとして（㉑　　　　　　　）しながら，近隣の観光地へ日帰りの単一目的地型観光を行う観光客の行動パターンを（㉒　　　　　　　）という。

③ 周遊観光型

出発地から（㉓　　　　　　　）を巡りながら，最後にまた出発地へ戻ってくる観光客の行動パターンを（㉔　　　　　　　）という。

④ ラケット型

（㉒）と（㉔）を組み合わせた観光の行動パターンを（㉕　　　　　　　）という。

2）観光客の行動パターンとツアールートの形成

旅行会社がツアールートを企画したりする際に，ある観光地が（㉖　　　　　　　）となるのか，（㉗　　　　　　　）となるのか，あるいは素通りされてしまうのかといったことは，観光地にとって非常に重要な問題である。また周遊観光ルートとしてともに発展できるように，（㉘　　　　　　　）と連携し（㉙　　　　　　　）を目指していくことも必要である。

4 訪日外国人観光客の消費と行動

Check!

1）訪日外国人観光客の国・地域別の内訳

国際観光における人々の往来は，世界的に見ても（㉚　　　　　　　）や地域同士で活発になることが一般的である。ただし，その他にも（㉛　　　　　　　）な要因が作用する場合もある。

2）訪日外国人観光客の訪問先

訪日外国人観光客の多くは，（㉜　　　　　　）に宿泊する割合が最も高い。アジア圏の観光客は，（㉜）や（㉝　　　　　　）への宿泊が主流で，次いで北海道への宿泊が多くみられる。欧米豪からの観光客は，東京に次いで（㉞　　　　　　）に宿泊することが多い。

3）訪日外国人観光客の観光消費の概要

訪日外国人観光客の（㉟　　　　　　　）は，客数の増加と比例して増え，特に2015～2019年頃に急激な伸びを見せた。

4）国・地域別の消費の傾向

1 欧米豪

　欧米豪の観光客は，平均滞在日数が12日〜2週間程度と(㊱　　　　　　　　)，一人当たりの旅行支出の総額も20万円程度と(㊲　　　　　　　)である。

2 中国

　中国人観光客は，滞在日数が平均(㊳　　　　　　　　)と欧米豪の観光客の半分程度でありながら，欧米豪の観光客とほぼ同等の旅行支出である。

3 韓国，台湾

　韓国や台湾からの観光客は，平均滞在日数が(㊴　　　　　　　　)と欧米豪の観光客と比べると短いが，何度も日本を訪問する(㊵　　　　　　　)が多い。

5）体験型観光へのシフトと消費行動の傾向

1 外国人観光客の体験型観光へのシフト

　2017年には，外国人観光客の約6割が(㊵)となったことで，(㊶　　　　　　　　　　)へのシフトが加速度的に進んだ。

2 体験型観光への期待

　(㊶)とは，従来の見学を中心とした観光に対して，その観光地でしかできない体験を組み込んだ観光形態であり，大別すると，(㊷　　　　　　　　)と，(㊸　　　　　　　　)がある。(㊶)は，(㊹　　　　　　　)に比べて消費の拡大が期待できる。

3 地域別の体験型観光の傾向

(1)欧米豪

　欧米の観光客は，日本の(㊺　　　　　　　　)への関心が高い。神社仏閣へのガイドツアー，着物の着付け，忍者体験などのほか，近年では日本の(㊻　　　　　　　)への関心が高く，(㊻)に関連した(㊸)にも積極的である。さらに，(㊷)も好み，体を動かす(㊼　　　　　　　　　)が盛んである。なかでも(㊽　　　　　　　　)観光客は，スキーやスノーボードへの関心が特に高い。

(2)アジア

　台湾や香港の観光客は，(㊾　　　　　　　　　　)ことに興味が高く，温泉体験や日本食などの(㊸)を好む。熱帯地域の東南アジアの観光客は，冬の季節感や(㊿　　　　　　)といった，母国では味わえない(㊷)を楽しんでいる。旅行支出における買い物代の割合が高い中国人客も，日本の(㊸)や(51　　　　　　　)などの(㊶)に関心を寄せるようになってきた。

▶Step 問題

1 次の文章を読み，あとの問いに答えなさい。🖊💡

　観光客の宿泊の有無に関して，（①）は（②）に比べ滞在時間が長くなるため，より大きな観光消費をもたらす存在である。また(a)団体旅行客は，（③）がある一定数の客数を確保し観光地へ送客する。(b)個人旅行客は，個人や少人数で旅行をする観光客で，（③）を通さずに，個人で宿泊先や（④）を手配し旅行する人である。

(1)　（①）～（④）にあてはまる語句を書きなさい。

(2)　観光地にとっての下線部(a)の課題について，25字程度で説明しなさい。

(3)　下線部(b)の特徴について下線部(a)と比較した特徴を30字程度で説明しなさい。

(1)	①		②		③		④	
(2)								
(3)								

2 次のA～Dの文章を読み，あとの問いに答えなさい。

A　短期旅行で，出発地から目的地までを同一ルートで往復する行動パターン。

B　特定の目的地を拠点地として長期に滞在し，観光する行動パターン。

C　出発地から複数の観光地点を巡りながら，出発地へ戻ってくる行動パターン。

D　飛行機や鉄道などで移動した先を拠点地とし，そこから周辺観光地へ周遊行動をとる行動パターン。

(1)　A～Dの文に最も関係の深いものを，次のア～エから一つずつ選び記号で答えなさい。

　　ア　ラケット型　　イ　単一目的地型　　ウ　拠点地型　　エ　周遊観光型

(2)　次の(i)～(iv)の旅行は(1)のア～エのどのパターンにあてはまるか記号で答えなさい。

　(i)　東京都から長野県軽井沢町の別荘へ行き1か月滞在し，別荘を拠点に長野市の善光寺や石川県金沢市の兼六園などを巡った。

　(ii)　愛知県から静岡県熱海市の温泉，東京都港区の東京タワー，長野県松本市の松本城，岐阜県中津川市の馬籠宿を3泊4日で旅行した。

　(iii)　東京都から北海道ニセコ町の別荘へ行き1か月滞在した。

　(iv)　静岡県から東京ディズニーランドへ1泊2日で旅行した。

(1)	A		B		C		D	
(2)	(i)		(ii)		(iii)		(iv)	

3 教科書p.73の「国・地域別の外国人一人当たりの旅行支出と宿泊数」のデータを見て，あとの問いに答えなさい。💡

(1) 次の文の（①）〜（⑥）にあてはまる数値を，下の語群から選びなさい。

　　訪日外国人観光客一人当たりの旅行支出を見てみると，オーストラリア，フランス，イギリス，アメリカ（以下，欧米豪）の観光客は旅行支出総額が（①）万円程度と高額である。そのうち平均滞在日数は（②）日以上と長く，宿泊費も（③）万円程度と高額である。これは，欧州では有給休暇制度が充実しており，年間で（④）日前後の有給休暇が与えられ，2週間程度の連続休暇を取ることが一般的で長期旅行に出かけやすいことなどによるものである。

　　中国人観光客は，滞在平均日数が（⑤）日前後と欧米豪の観光客の約半分程度でありながら，旅行支出総額は欧米豪とほぼ同額である。これは買い物代の支出が約（⑥）万円と高額であるからである。

【語群】　7　10　11　12　20　30

(2) 次の各文の下線部が正しい場合は○を，誤っている場合は正しい語句を書きなさい。

　① 平均泊数は，日本から近いアジアの国の方が欧米豪より多い。

　② 宿泊費と飲食費は，平均泊数が多くなるにつれて高額になる傾向がある。

　③ 1泊あたりの宿泊費の平均単価(宿泊費÷平均泊数)が一番高いのはフランスである。

　④ 旅行総額に占める買い物代の割合(買い物代÷総額×100)が一番低いのはイギリスである。

(1)	①		②		③	
	④		⑤		⑥	

(2)	①		②		③		④	

4 次の各文の説明にあてはまる語句を，解答群から選び記号で答えなさい。

(1) キャンプやトレッキングなど都市部では味わえない大自然の中で行う体験型観光。

(2) 観光名所のガイドツアーや郷土食などの，その地域の歴史や文化を体験する観光。

(3) スキーやスノーボード，マリンスポーツなどの体を動かす体験型観光。

(4) 地域の特色や文化，産業，暮らしを守りつつ，観光に活かす地域の観光振興。

【解答群】　ア　コミュニティツーリズム　　イ　アクティビティ
　　　　　　ウ　自然体験　　エ　文化体験

(1)		(2)		(3)		(4)	

2節 観光ビジネスにおけるマーケティングの意義 教科書 p.76〜79

● 要点整理

正答数 ／29問

教科書の内容についてまとめた次の文章の(　　　)にあてはまる語句を書きなさい。

マーケティングとは,「(①　　　　　　　　　　　)」をつくることである。観光ビジネス

におけるマーケティングを(②　　　　　　　　　　)といい,(③　　　　　　　　　)

視点のマーケティングと,(④　　　　　　　　　　)視点のマーケティングがある。

1 観光マーケティングの目的と意義

教科書 p.76〜77

Check!

(②)の目的は, 魅力ある(⑤　　　　　　　　)をつくり提供することである。(⑤)の

(⑥　　　　　　　　)を決め,(⑦　　　　　　　　)や品質とともに観光客に伝えることが重要

である。

1)観光マーケティングの重要性

(⑤)において価値や品質を保証するのが, 企業や商品の全体的なイメージも含まれる

(⑧　　　　　　　　)や, 商品やサービスの標識である(⑨　　　　　　), 実際に利用した

人の(⑩　　　　　　)や(⑪　　　　　)などである。そのため,(②)では観光地や(⑤)

のイメージづくりが重要である。

2)持続可能な観光を目指して

① 観光マーケティングと地域社会

マーケティングは商品の購入を促すために行うが, 観光地や観光施設の, 観光客を受け

入れる(⑫　　　　　　)には限りがある。(②)の効果が上がると, 観光客を大幅に増加さ

せることができるが,(⑬　　　　　　　　)という過度な観光客が詰めかける

現象を引き起こす可能性がある。

② サステナブルツーリズムの取り組み

観光地や観光資源の魅力を未来まで永続的に維持しつつ観光を推進しようとする考え方

やその実践を(⑭　　　　　　　　　　)という。自然環境だけでなく, 観光地の

人々の(⑮　　　　　　)や(⑯　　　　　　　)の保護や保全にも配慮した概念である。

2 デスティネーション・マーケティング

教科書 p.78〜79

Check!

観光客が観光の目的地として訪れる地域のことを(⑰　　　　　　　　　　)とい

い,(④)視点のマーケティングを(⑱　　　　　　　　　　)という。

(⑱)とは, 地域全体で観光地のあり方や価値を考えるマーケティング活動であり, 国にお

いては(⑲　　　　　　)や(⑳　　　　　　　　　)が, 地域では地方自治体や商工会

議所,(㉑　　　　　　),(㉒　　　　　　)などが中心的な役割を担っている。

１）デスティネーションの商品としての特性と価値

　デスティネーションには，その土地に（㉓　　　　　　　）の自然（立地・気候を含む），歴史，文化，建物などがすでに存在している。デスティネーションの価値と魅力によって，その観光地に（㉔　　　　　　　）と思わせられるかどうかが重要になる。

２）デスティネーション・マーケティングで考えるべき二つの視点

① 競合する観光地

　観光客によるデスティネーションの（㉕　　　　　　　）には，さまざまな要因が作用する。例えば，温泉地と（㉖　　　　　　　）するのは別の温泉地だけではなく，観光客によってはテーマパークや海外の観光地が比較の対象かもしれない。

② 地域社会との連携

　デスティネーション・マーケティングでは，（㉗　　　　　　　）が同一の方向を目指す必要がある。地方自治体やDMOなどが（㉘　　　　　　　）役割を果たし，マーケティングを実行する。その際には，地元観光企業との（㉙　　　　　　　）や，地域住民の参加も大切である。

▶Step 問題

正答数　　／13問

1 次の文章を読み，あとの問いに答えなさい。🖊💡

　観光マーケティングの効果が上がると観光客を大幅に増加させることができるが，過度な観光客が詰めかける(a)オーバーツーリズムという現象を引き起こす可能性がある。

　サステナブルツーリズムは，観光地の（①）だけでなく，観光地の人々の住環境や（②）の保護や保全にも配慮した（③）であり，世界的にひろまりつつある。サステナブルツーリズムを実現するためにも，（④）が非常に重要な役割を果たしている。

⑴　（①）～（④）にあてはまる語句を書きなさい。

⑵　下線部(a)の現象が起きると観光地にどのような負の影響があるか，80字程度で説明しなさい。

(1)	①		②		③		④	
(2)								

2 次の文章を読み，あとの問いに答えなさい。✐💡

　(a)デスティネーション（観光目的地）とは，観光客が観光の目的地として訪れる地域のことである。観光地の企業や事業体が統一された効果的な観光地視点のマーケティングを，(b)デスティネーション・マーケティングという。

　デスティネーションには，その土地に（①）の自然（立地・気候を含む），歴史，文化，建物などがすでに存在しており，それらを消したりつくり変えたりできないという（②）がある。また，観光地は動かすことができないので，デスティネーションの（③）と（④）によって，その観光地に観光客が（⑤）と思わせられるかどうかが重要になる。

(1)　（①）〜（⑤）にあてはまる語句を答えなさい。

(2)　下線部(a)について，観光地は競合をどのように捉えるべきか，温泉地を例に「テーマパーク」「海外の観光地」「デスティネーションの選択」という語を用いて100字程度で説明しなさい。

(3)　下線部(b)について，国や地方において中心的な役割を担う事業体，団体をそれぞれ【解答群】より選び，記号で答えなさい。

【解答群】　ア　観光協会　　イ　観光庁　　ウ　DMO
　　　　　　エ　商工会議所　　オ　日本政府観光局

(1)	①		②		③	
	④		⑤			

(2)	

(3)	国	
	地方	

3節 観光ビジネスのマーケティング戦略 教科書 p.80〜87

● 要点整理

正答数 ／82問

教科書の内容についてまとめた次の文章の(　　　)にあてはまる語句を書きなさい。

観光ビジネスのマーケティング戦略においては，(①　　　　　　)，(②　　　　　　)，(③　　　　　　)提供するかについて段階的に考える必要がある。

Check!

1 観光ビジネスのSWOT分析
教科書 p.80〜82

観光ビジネスのマーケティング戦略の第一段階においては，(④　　　　　　)を行い，「(⑤　　　　　　)」を明らかにする。

1）SWOT分析の概要

内部環境と外部環境の両面から，プラス要因とマイナス要因をそれぞれ考察し分析するフレームワーク(理論の枠組み)のことを(⑥　　　　　　)という。内部環境はプラス要因の(⑦　　　　　)(S：Strength)とマイナス要因の(⑧　　　　)(W：Weakness)，そして外部環境はプラス要因の(⑨　　　　)(O：Opportunity)とマイナス要因の(⑩　　　)(T：Threat)を検討する。それぞれの頭文字をとって，(⑥)という。

2）SWOT分析の目的と特徴

(⑥)の目的は，現状での内部と外部の(⑪　　　　　　)を特定することである。この分析を行うことで，内部の資源と外部の環境を正しく把握し，(⑫　　　　　)や(⑬　　　　　)を明らかにし，戦略の策定に活用できるという特徴がある。

3）内部環境分析

内部環境分析では，自身や地域が(⑭　　　　　　　　　)要因を対象にして，(⑦)と(⑧)を検討する。観光ビジネスでは，来訪を動機付ける観光資源が基本となる。そのほかにも，(⑮　　　　　)，財務，企画力などの要素についてもひろく考える。

1 S：(⑦) ((⑯　　　　　　))

内部環境の(⑦)とは，観光地や企業が自身で保有し，目標達成に(⑰　　　)する資源や商品，個人の資質などである。

2 W：(⑧) ((⑱　　　　　))

内部環境の(⑧)とは，観光地や企業が保有する要因の中で，目標達成の(⑲　　　　)となる資源や商品，個人の資質などである。

4）外部環境分析

　外部環境分析では，自身や地域が(⑳　　　　　　　　　　　　　　)要因を対象にして，(⑨)と(⑩)を検討する。天候や災害の発生，立地などの(㉑　　　　　　　　　)，好不況の変化や為替の変動などの(㉒　　　　　　　　)，政治情勢の変化や戦争の発生などの(㉓　　　　　　　　)，疫病のまん延やイベントやブームの発生などといった(㉔　　　　　　　)の，四つの外部要因から環境分析を行う。

① 〇：(⑨)（(㉕　　　　　　　　　　　)）

　外部環境の(⑨)とは，観光地や企業を取り巻く環境の中で，目標達成に(⑰)する要因である。

② Ｔ：(⑩)（(㉖　　　　　　　　)）

　外部環境の(⑩)とは，観光地や企業を取り巻く環境の中で，目標達成の(⑲)となる要因である。

2 観光ビジネスのSTP分析

教科書 p.83〜85

Check!

　観光ビジネスのマーケティング戦略の第二段階では，(㉗　　　　　　　　　)を行う。(㉗)は価値や強みを「誰にどんなイメージで提供するか」を考え，限られた資源を有効に活用し，効果の高い最適な(㉘　　　　　　　)を導き出す。

1）Ｓ：セグメンテーション

　さまざまな顧客特性で市場を細分化することを(㉙　　　　　　　　　　)という。変数によって細分化された市場を(㉚　　　　　　　　)という。

① 人口動態変数(デモグラフィック変数)

　年齢，性別，職業，学歴，所得，家族構成などの変数を(㉛　　　　　　　　)という。例えば，「(㉜　　　　　　　　)」，「(㉝　　　　　　　　　　)」，「子連れの家族旅行」，「20代女子旅」などの細分化が当てはまり，求められるコンテンツや喜ばれるサービスがそれぞれ異なる。

② 地理的変数(ジオグラフィック変数)

　都市の経済規模，(㉞　　　　　　　　)，気候，地理的条件，交通アクセスなどの変数を(㉟　　　　　　　)という。観光による交流は，(㊱　　　　　　　　)に影響されやすいため，大都市圏との近さや(㊲　　　　　　　)の良さは大きなメリットとなる。

③ 心理的変数(サイコグラフィック変数)

　ライフスタイル，趣味趣向，価値観などの変数を(㊳　　　　　　　　)という。「歴史好き」や「ゆったり過ごす派」などといった細分化が当てはまる。また，文化や歴史の深いつながりである(㊴　　　　　　　)や，何かをきっかけに近しい間柄に感じられる(㊵　　　　　　　)に影響され，地理的距離と関係なく局所的に観光による交流が発生することもある。

2）T：ターゲティング

　細分化したセグメントの中から，マーケティングの対象とするセグメントを決めるのが，(㊶　　　　　　　　　　　)である。㊶の対象となったセグメントや消費者のことを(㊷　　　　　　　　　　)といい，主に以下の三つの㊶から検討する。

① 無差別型ターゲティング

　(㊸　　　　　　　　　　　　)とは，すべてのセグメントに共通するニーズを満たすような商品を提供する㊶である。すべてのセグメントを㊷にするため，(㊹　　　　　　　　)が豊富な観光地や(㊺　　　　　　　　　　　)が採用する㊶である。ニーズや(㊻　　　　　　　　)が多様な観光ビジネスでは，あまり有効な㊶ではない。

② 差別型ターゲティング

　複数のセグメントを選び，各セグメントのニーズに最適な商品やサービスを提供する㊶を(㊼　　　　　　　　　　　)という。㊼を行い提供する商品は，セグメントごとに別の物ではなく，ニーズごとに一部の機能や特徴，(㊽　　　　　　　　)を変えることが多い。観光ビジネスの例では，航空座席の(㊾　　　　　　　　)とエコノミークラス，客室のシングルルームと(㊿　　　　　　　　　　)などがある。

③ 集中型ターゲティング

　単一またはごく少数のセグメントに限定して，集中的にマーケティングを行う㊶を(51　　　　　　　　　　)という。(52　　　　　　　　　)や高級ブランド，(53　　　　　　　　)がいるセグメントで採用される。「ペット連れ可能な宿」や「ダイビング旅行専用旅行会社」などのように，(54　　　　　　　　　)に特化した例がある。

3）P：ポジショニング

　ターゲットに商品をどのように認識してもらうか，(55　　　　　　　　　)を決めることを(56　　　　　　　　　)という。

① 比較する価値軸の抽出

　同一セグメント内の競合と比較する場合，商品の内容，価格，特徴，品質，販売チャネルなど多くの(57　　　　　　　　)の中から，比較する(58　　　　　　　　)を決定する。比較する軸が多くなりすぎると，複雑になり要点がずれることがあるため，通常は2軸の(59　　　　　　　　)が用いられる。2軸の決定には，(60　　　　　　　　)(KBF)を活用する。まず，ターゲットが商品を購入するカギとなる要因を調査する。次に，比重の大きい要因の中から，自身が強みを発揮できるような(58)を，創造的に選択する。

② ポジショニング・マップの作成

X軸とY軸に判別した二つの(⑥⓪)を設定し，競合と比較して自身の立ち位置が確認できるものを，(⑥①   )という。(⑥①)から，競合の度合いや差別化できているかどうかなどを明らかにできる。

③ 観光ビジネスのマーケティング・ミックス（4P政策）

教科書 p.86〜87

Check!

自分たちの強みや価値を，ターゲットに「どうやって提供するか」という具体的な手段を考えて実施することを，(⑥②   )という。(⑥②)は，次の四つの「P」を具体的かつ実践的に考えることから，4P政策ともいう。

1）商品政策((⑥③   ))

((⑥④   )とは，観光資源の数，タイプ，質，地域内での分布などから，自身の強みや(⑥⑤   )，(⑥⑥   )を最大限活かせる商品を企画し設計することである。

2）価格政策((⑥⑦   ))

ターゲットに適正な価格設定を行うことを(⑥⑧   )という。(⑥⑧)では，利益の最大化，競合企業や競合地域との価格競争，そして顧客の(⑥⑨   )を意識する。観光ビジネスは(⑦⓪   )が含まれるため，全く同じ(⑦①   )をしても，人によって価格への評価が異なる場合がある。

3）チャネル政策((⑦②   ))

ターゲットが商品を購入しやすいように(⑦③   )を構築することを(⑦④   )という。(⑦③)には店舗，卸売，通信販売，インターネットなどの経路がある。観光ビジネスでは，(⑦③)の多くを(⑦⑤   )が担ってきた。しかし近年のインターネットの普及により，旅行業界でも，Webサイト予約の増加や，実店舗を持たない(⑦⑥   )の発展などの，オンライン販売部門による(⑦⑦   )（インターネット取引）が増えている。

4）プロモーション政策((⑦⑧   ))

ターゲットに商品を知らせて購買に導くことを(⑦⑨   )という。その方法として，広告，広報，販売促進（セールス・プロモーション），販売員活動などがあり，これらを組み合わせた(⑧⓪   )を積極的に行っている。

観光ビジネスでは，テレビや雑誌などの(⑧①   )を活用して，視覚的に訴え，疑似体験をしてもらう手法が多い。また最近では，(⑧②   )を活用したプロモーションも増加している。

1 下の表は「観光ビジネスのマーケティング戦略のプロセス」についてまとめられたものである。①～⑪にあてはまる語句を日本語と英語ともに答えなさい。💡

		SWOT分析 何を提供できるか			STP分析 誰にどんなイメージで提供するか		マーケティング・ミックス どうやって提供するか	

表（縦書き）：

SWOT分析　何を提供できるか
- S :（ ① ）
- W :（ ② ）
- O :（ ③ ）
- T :（ ④ ）

➡

STP分析　誰にどんなイメージで提供するか
- S :（ ⑤ ）
- T :（ ⑥ ）
- P :（ ⑦ ）

➡

マーケティング・ミックス　どうやって提供するか
- P :（ ⑧ ）
- P :（ ⑨ ）
- P :（ ⑩ ）
- P :（ ⑪ ）

	①	②	③	④
日本語				
英語				

	⑤	⑥	⑦
日本語			
英語			

	⑧	⑨	⑩	⑪
日本語				
英語				

2 次の各文の下線部が正しい場合は○を，誤っている場合は正しい語句を書きなさい。

(1) 内部環境と外部環境の両面から，プラス要因とマイナス要因をそれぞれ考察し分析するフレームワークをPEST分析という。

(2) 内部環境分析では，プラス要因の機会（Opportunity）とマイナス要因の脅威（Threat）を検討する。

(3) 外部環境分析では，自身がコントロールできる要因を対象にする。

(4) SWOT分析の弱み（Weakness）は内部環境におけるマイナス要因である。

(5) 外部環境の業界および競合相手を分析する手法には，VRIO分析がある。

(1)		(2)		(3)	
(4)		(5)			

3 次の各文の説明にあてはまる語句を，解答群から選び記号で答えなさい。

(1) さまざまな顧客特性で市場を細分化すること。

(2) 細分化したセグメントから，マーケティングの対象とするセグメントを決めること。

(3) 顧客が商品を購入する際の決定要因。

(4) 規模が小さい特定のセグメントのこと。

(5) ターゲットに商品をどのように認識してもらうか，イメージを決めること。

【解答群】 **ア** KBF 　**イ** セグメンテーション 　**ウ** ポジショニング

　　　　　　エ ニッチ市場 　**オ** ターゲティング

(1)		(2)		(3)		(4)		(5)	

4 次の観光需要に影響する外部要因の説明にあてはまる語句を，解答群から選び記号で答えなさい。

(1) 景気が良くなり国民所得が向上したことで可処分所得が増え，旅行者も増加した。

(2) 疫病のまん延により国の出入国が制限された。

(3) 国や地方自治体によって宿泊費の一部を補助する観光促進キャンペーンが行われた。

(4) 台風が多く通過する時期は，交通機関の運休や遅延が発生することが多々ある。

【解答群】 **ア** 自然的要因 　**イ** 経済的要因 　**ウ** 政治的要因 　**エ** 社会的要因

(1)		(2)		(3)		(4)	

5 次のターゲティングの事例が，無差別型ターゲティングならＡ，差別型ターゲティングならＢ，集中型ターゲティングならＣと答えなさい。

(1) 宿泊業で，女性グループ向けのレディースプランや，小さな子どもがいる家族向けプラン，おひとり様向けプランを販売した。

(2) 観光協会が，子どもからお年寄りまですべての人のニーズを満たすような観光商品を企画し販売した。

(3) あるスキー場がゲレンデにスキーやスノーボードの上級者限定エリアを設け，ありのままの自然やパウダースノーを存分に楽しむことができる旅行プランを販売した。

(4) 航空会社において，エコノミークラスよりもサービスを充実させた，ビジネスクラス，ファーストクラスといった航空座席サービスを販売した。

(1)		(2)		(3)		(4)	

　身近な地域において，観光地としての強みや弱み，機会，脅威についての環境分析を行い，観光振興のアイデアを考えてみよう。

1 環境分析を行う地域を決めよう。　　地域名 ＿＿＿＿＿＿＿＿＿＿＿＿＿＿＿

2 ①で選んだ地域について，SWOT分析をしてみよう。

Strength：強み	Weakness：弱み
Opportunity：機会	Threat：脅威

3 ①で選んだ地域を訪れているのは，どのようなライフスタイル，趣味嗜好，価値観の観光客かを考えてみよう。

4 SWOT分析で調べた現状から，どのような観光振興の取り組みが有効なのか，③で考えた観光客のライフスタイルなどを踏まえて，アイデアを考えてみよう。

(1)強み(Strength)を機会(Opportunity)で活かす観光振興のアイデア

(2)弱み(Weakness)を機会(Opportunity)で強みに変える観光振興のアイデア

◆ **探究問題　8**　　　　　●参照：2観光ビジネスにおけるマーケティングの意義

観光ビジネスとSDGsについて調べてみよう。

1 地域の観光ビジネスに携わる企業や地方自治体が，SDGsやサステナブルツーリズムに関連して，環境負荷を減らすためにどのような取り組みをしているか調べてみよう。

企業・地方自治体名	どのような取り組みをしているか

2 ①で調べた取り組みが(1)地域にどのような影響を与えるか，また(2)地域に広く普及させるためにはどのようなことが必要か考えてみよう。

(1)	
(2)	

3 環境に負荷をかけずに観光を楽しむために，旅行者にできることを考えてみよう。

　　RESASで学校のある都道府県の宿泊施設の月別稼働率を調べ，観光客を平準化するための施策を考えてみよう。

1 **RESASで学校のある都道府県の宿泊施設の月別稼働率を調べてみよう。**

RESASの使い方：①RESASのウェブサイトを開く

　　　　　　　　②観光マップー宿泊施設をクリック

　　　　　　　　③表示する都道府県を選択する

　　　　　　　　④"表示レベルを指定する"を「都道府県単位で表示」をチェックする

　　　　　　　　⑤"表示する内容を指定する"を「客室稼働率」をチェックする

　　　　　　　　⑥"グラフを表示する"をクリック

　　　　　　　　⑦"表示単位を指定する"を「月単位で表示する」をチェックする

地方自治体名：　　　　　　　　（　　　年）　　（単位：%）

1月	2月	3月	4月	5月	6月
7月	8月	9月	10月	11月	12月

2 **①から観光客が多い時期はいつで，どのような観光をしているか考えてみよう。**

3 **①から観光客が少ない時期はいつで，なぜ少ないか考えてみよう。**

4 **観光客が少ない時期にも地域を訪れる観光客を増やし，観光需要を平準化するために，どのような取り組みが行われているか調べてみよう。**

次の(1)～(22)にあてはまる用語を書きなさい。

1回目☐
2回目☐
(1)　出発地から目的地までを同一ルートで往復する行動パターン。

（　　　　　　　　）

☐(2)　特定の拠点地に長期に滞在する行動パターン。（　　　　　　　　）

☐(3)　複数の観光地点を巡りながら，また出発地に戻ってくる行動パターン。

（　　　　　　　　）

☐(4)　拠点地型と周遊観光型を組み合わせた行動パターン。（　　　　　　　）

☐(5)　個人や少人数の海外旅行で個人で宿泊先や交通機関を手配する人々。

（　　　　　　　　）

☐(6)　繰り返し同じ観光地を訪れる観光客。（　　　　　　　　）

☐(7)　その観光地でしかできない体験を組み込んだ観光形態。

（　　　　　　　　）

☐(8)　個別企業視点と観光地視点で行う観光ビジネスのマーケティング。

（　　　　　　　　）

☐(9)　騒音やごみの散乱など過度に観光客が詰めかけることで起こる現象。

（　　　　　　　　）

☐(10)　観光資源の魅力を維持しつつ観光を推進しようとする考え方やその実践。

（　　　　　　　　）

☐(11)　観光客が観光の目的地として訪れる地域のこと。

（　　　　　　　　）

☐(12)　観光地視点で地域全体で観光地の在り方や価値観を考えること。

（　　　　　　　　）

☐(13)　内部環境と外部環境の強みと弱みを分析する環境分析の手法。

（　　　　　　　　）

☐(14)　さまざまな顧客特性で市場を細分化すること。（　　　　　　　）

☐(15)　変数によって細分化された市場。

（　　　　　　　　）

☐(16)　細分化された(15)からマーケティングの対象を決めること。

（　　　　　　　　）

☐(17)　「隙間」という意味で規模が小さい特定の(15)のこと。（　　　　　）

☐(18)　ターゲットに認識してもらいたい商品のイメージを決めること。

（　　　　　　　　）

☐(19)　顧客が商品を購入する際の，決定要因。（　　　　　　　　）

☐(20)　商品政策，価格政策，チャネル政策，プロモーション政策の組み合わせ。4P政策ともいう。

（　　　　　　　　）

☐(21)　実店舗を持たないWebサイト上の店舗で旅行商品の販売を行う旅行会社。

（　　　　　　　　）

☐(22)　ターゲットを具体化・具現化させた「架空の人物像」。（　　　　）

▲アプリはこちらから

アプリでほかの問題にもチャレンジしてみよう！

1節 観光資源とは何か

教科書 p.96〜110

● 要点整理

正答数 ／28問

教科書の内容についてまとめた次の文章の（　　　）にあてはまる語句を書きなさい。

Check!

1 観光資源の概要

教科書 p.96〜107

観光客がその観光地に行く目的になる事や物のことを（① 　　　　　　　　）という。

1）観光資源の分類

観光資源は，山岳や動物，植物，自然現象などの（② 　　　　　　　　　）と史跡や集落・街，遊園地・テーマパークなどの（③ 　　　　　　　　　）とに分けることができる。ただし，郷土景観などは，（②）と（③）が融合した（④ 　　　　　　　　　）と分類する場合もある。

2）観光資源の保護や保全の意義

国連が定める（⑤ 　　　　　　　　　　　）（SDGs）の達成に向け，観光ビジネスにおいても，資源を持続可能な視点で活用していくことが世界的に求められている。

① 世界遺産条約による保護

1972年にユネスコで採択され，196か国で締結（2024年8月現在）されている条約を（⑥ 　　　　　　　　　）という。この条約では，主に建築物や自然などの有形のものが保護の対象であり，保護の対象を文化遺産，自然遺産，複合遺産に分類し，人類共通の遺産として保護している。また，日本の能楽や和食といった無形の文化などについては，（⑦ 　　　　　　　　　）により保護している。

② ラムサール条約による保護

1971年にイランで開催された国際会議で採択された，湿地の保護に関する条約のことを（⑧ 　　　　　　　　　）という。この条約では，地域の人々の生業や生活とのバランスのとれた保全を進めるために，湿地の「（⑨ 　　　　　　　　　）」を提唱している。

③ WWFによる保護

世界約100か国以上で活動しており，（⑩ 　　　　　　　　　）の保全や，人類による自然環境への負荷の軽減のための活動，調査研究，政策提言及び環境保全思想の普及活動などに取り組む地球環境保全団体をWWF（（⑪ 　　　　　　　　　））という。

3）観光資源のマネジメント

観光資源のマネジメントの際には，観光資源への（⑫ 　　　　　　　　　）について考え，適切にマネジメントすることで，観光資源の（⑬ 　　　　　　　　　）への活用と，（⑭ 　　　　　　　　　）との両立が可能となる。

① 物理的アクセス

観光客が物理的に観光資源に近づくことを(⑮　　　　　　　　)という。(⑮)のマネジメントがあってはじめて，観光資源としての価値を活かすことができる。

② 情報的アクセス

観光客が観光資源についての知識や情報を得ることを(⑯　　　　　　　　)という。(⑯)のマネジメントにおいては，各種メディアの特性を知り，どのメディアをどのように活用していくのかが重要となる。

③ 精神的アクセス

文化的近接性や心理的近接性などの観光資源に対する精神的な距離が近くなることを(⑰　　　　　　　　)という。例えば，過去に訪れたことのある場所を特別な場所として大切に思ったり，観光地の歴史や文化などを知ることで，観光地に対する愛着が深まったりする。

Check!

2 観光資源のひろがり

社会の状況や人々の価値観の変化によって，新たに(⑱　　　　　　　　)を持つ観光資源もある。

1）アクティビティ

スキューバダイビングやサーフィン，スキーなどの(⑲　　　　　　　　)も観光資源である。また，自然・文化・(⑲)のうち二つ以上を組み合わせた複合的な観光商品による観光振興を(⑳　　　　　　　　)という。

2）アート

音楽や演劇，絵画，彫刻，現代芸術などを鑑賞したい人々が，展示，実演される場所に足を運ぶように取り組む観光振興を(㉑　　　　　　　　)という。

3）インフラ施設

ダム，港，灯台などのインフラ施設による観光振興を(㉒　　　　　　　　)という。また，インフラ施設以外にも，地域特有の産業の工場などや，工場跡などの産業遺産を巡り製造工程を見学したり体験したりする観光振興を(㉓　　　　　　　　)といい，各地で行われている。

4）各種コンテンツのロケ地

映画やドラマ，アニメ，漫画，ゲーム，小説などの人々を楽しませる情報をコンテンツといい，コンテンツを活用した観光振興を(㉔　　　　　　　　)という。コンテンツの舞台となった土地を訪れる(㉕　　　　　　　　)を楽しむ観光客も多い。

1　映画やドラマ

　映画やドラマのロケ地を活用した観光振興は，(㉖　　　　　　　　　　　　)とも呼ばれる。製作会社などに映像作品のロケ地を紹介する(㉗　　　　　　　　　)という組織が全国各地にある。

2　アニメ

　2016年に公開され大ヒットを記録した，アニメ映画『君の名は。』では，作品の舞台となった東京都四谷の(㉘　　　　　　　　　　　)に多くのファンが訪れた。

▶Step 問題

正答数　　　／27問

1 次の(1)～(5)の□□□にあてはまるものを解答群から選び，記号で答えなさい。

　自然資源とは，主に　(1)　の力によって成立した観光資源で，人為的な介入の無いものは　(2)　とよび，人為が加わることで維持されている自然は　(3)　とよぶ。

　人文資源とは，　(4)　によって成立したもので，芸能や舞踊などの　(5)　のものもあり，歴史的価値を持つものが多い。

【解答群】　ア　人間の活動　　イ　自然　　　ウ　原生自然
　　　　　　エ　無形　　　　　オ　二次自然

(1)		(2)		(3)		(4)		(5)	

2 次の各文の下線部が正しい場合は○を，誤っている場合は正しい語句を書きなさい。

(1)　観光地の持続的な運営においては，マネジメントによって適正規模を維持するよう取り組む必要がある。

(2)　情報的アクセスとは，例えば，過去に訪れたことのある場所に対して抱く特別な感情のことである。

(3)　物理的アクセスの困難さは，観光客にとって希少価値のある経験という新たな価値を生むこともある。

(4)　観光地での専用端末や専用アプリによる音声ガイドは，観光客の精神的アクセスを高める取り組みの一例である。

(1)		(2)	
(3)		(4)	

3 次の(1)～(5)のうち，アドベンチャーツーリズムにあてはまるものにはＡを，インフラツーリズムにあてはまるものにはＢを，コンテンツツーリズムにあてはまるものにはＣを書きなさい。💡

(1) 地域の自然や文化を味わえるとともに，サイクリングやトレッキングなどのアクティビティを含めた滞在型の観光商品。

(2) 連続テレビ小説のロケ地となった地方自治体や商工会が，観光客向けのロケ地マップを作成したり，ドラマの内容を追体験したりできる関連商品を企画した。

(3) 通常は非公開の新幹線車両基地や，トンネル工事の現場を見学するツアー商品を企画した。

(4) バスケットボールを題材にしたアニメで描かれた駅近くの踏切に多くのファンが集まり，電車の通過に合わせて撮影会が行われている。

(5) 農業を身近に感じ地域の農業文化への理解を深めてもらうため，農作物の収穫体験ツアー商品を企画した。

(1)		(2)		(3)		(4)		(5)	

4 次の(1)～(10)のうち，自然資源にあてはまるものにはＡを，人文資源にあてはまるものにはＢを書きなさい。

(1)湖沼　　(2)温泉　　(3)食　　(4)海岸・岬　　(5)年中行事
(6)自然現象　　(7)芸能・スポーツ　　(8)動物　　(9)庭園・公園　　(10)山岳

(1)		(2)		(3)		(4)		(5)	
(6)		(7)		(8)		(9)		(10)	

5 観光地を持続的に運営していくために気を付けなければならないことを，100字程度で説明しなさい。✏️

6 教科書p.110の「特集　新たな観光資源のつくり方」を参照し，次の(1)～(2)の問いについて答えなさい。🖊💡

(1)　横川商店街がゾンビの聖地となりつつある要因として，適切でないものを次のア～エの中から一つ選び，記号で答えなさい。

　　ア　ゾンビ映画の舞台となったこともあり，ゾンビとの関連性が受け入れられたから。

　　イ　ハロウィーンイベントとして開催した「横川ゾンビナイト」が受け入れられたから。

　　ウ　来場者が参加できるイベントを継続的に開催したから。

　　エ　ゾンビメイクをした来場者がまちを歩くなど，非日常を感じさせるイベントだから。

(2)　横川商店街の事例から，そもそも存在しない新たな観光資源を，地域独自のものとしてつくりだすために重要なことを100字程度で説明しなさい。

2節 観光資源の保護と保全

教科書 p.111～115

要点整理

正答数　　／41問

教科書の内容についてまとめた次の文章の（　　）にあてはまる語句を書きなさい。

Check!

1 観光資源の保護と保全の意義

教科書 p.111

観光資源が破壊されると，再び観光資源としての価値を持つ水準まで修復するのに，多くの時間と（① 　　　　　　）が必要になる。また一度価値を失ったり，存在自体がなくなってしまったりすると，元に戻せないものも多い。そのため，観光ビジネスへの観光資源の活用の際は，（② 　　　　　　）や（③ 　　　　　　）を念頭に置かなくてはならない。

1）観光資源の保護

観光資源の（②）とは，なるべく手を加えず，元の姿を保とうとすることで，観光資源の（④ 　　　　　　）が進んでいる場合や，（⑤ 　　　　　　）の危険性がある場合などに適した手法である。

2）観光資源の保全

観光資源の（③）とは，観光資源の（⑥ 　　　　　　）を保ちつつ，必要最低限の人の手を加えて活用しようとすることである。（⑦ 　　　　　　）を持って観光資源を観光ビジネスに活用し，そこから得られた（⑧ 　　　　　　）を（③）に回すといった，資源の効果的な活用と（③）の好循環をつくりだすことが重要である。

Check!

2 保護や保全の方法

教科書 p.112～115

国内の観光資源の（②）や（③）においては，（⑨ 　　　　　　）を制定し，（②）や（③）の取り組みに対する（⑩ 　　　　　　）を出したり，（⑪ 　　　　　　）な支援をしたりするなどの，（⑫ 　　　　　　）が中心である。

1）自然公園法による保護や保全

国を代表する優れた自然の風景地を指定し（②）や（③）をし，利用の促進を図るための法律を（⑬ 　　　　　　）といい，公園の種類を以下のように定めている。

（⑭ 　　　　　）	国を代表する極めて価値の高い自然の風景地であり，環境大臣が指定し国が管理している公園。
（⑮ 　　　　　）	（⑭）に準じて価値が高い自然の風景地であり，環境大臣が指定し都道府県が管理している公園。
（⑯ 　　　　　）	優れた自然の風景地であり，都道府県が条例により指定・管理している公園。

2）文化財保護法による保護と保全

　人の文化的な活動の結果として生み出された財で，（⑰　　　　　　　　）という法律
で定義されているものを（⑱　　　　　　）という。

1　有形文化財

　（⑱）のうち，建造物，絵画，彫刻，工芸品，書跡，典籍，古文書など，有形の文化的に
つくりだされたものを（⑲　　　　　　　　）といい，わが国にとって歴史上，または芸
術上の価値が高いものである。このうち，重要なものは（⑳　　　　　　　　）に指定され，
さらに世界文化の見地から特に価値の高いものを（㉑　　　　　　　）に指定している。また，
建造物を後世に幅広く継承していくことを目的に，保存と活用についての措置が特に必要
とされる建造物は，（㉒　　　　　　　　　）として登録されている。

2　無形文化財

　演劇，音楽，工芸技術やその他の無形の文化的につくりだされたもので，歴史上または
芸術上の価値が高いものを（㉓　　　　　　　　）という。（㉓）のうち，重要なものは
（㉔　　　　　　　　　）に指定されている。また，いわゆる「人間国宝」と呼ばれる
（㉕　　　　　　　）や（㉖　　　　　　　），（㉗　　　　　　　　　）のように，芸能
や工芸技術を高度に体現，体得している人や団体を認定し，伝統的な継承を図っている。

3　民俗文化財

　衣食住，生業，信仰，年中行事などに関する風俗慣習，民俗芸能，民俗技術と，これら
に用いられる衣服，器具，家屋やその他の物件など，人々が日常生活の中で生み出し，継
承してきた有形・無形の伝承で，人々の生活の推移を示すものを（㉘　　　　　　　）
という。有形の（㉘）のうち特に重要なものは（㉙　　　　　　　　）に，無形の（㉘）
のうち特に重要なものは（㉚　　　　　　　　）に指定されている。

4　記念物

　遺跡，名勝地，地質鉱物などの中でも，歴史上または学術上，鑑賞上価値の高いものを
（㉛　　　　　　　）といい，重要なものはそれぞれ（㉜　　　　　　　），（㉝　　　　　　　），
（㉞　　　　　　　　）に指定される。さらに，特に重要なものは（㉟　　　　　　　），
（㊱　　　　　　），（㊲　　　　　　　　）に指定されている。

5　文化的景観

　地域における人々の生活または生業と，その地域の風土により形成された景観地で，国
民の生活や生業の理解のために欠くことのできない景観のことを（㊳　　　　　　　）
という。重要なものは（㊴　　　　　　　　）として，都道府県または市区町村の申
出にもとづき指定されている。

6 **伝統的建造物群**

周囲の環境と一体となって，歴史的な趣のある自然の風景を形成している伝統的な建造物群で，価値の高いものを(⑳　　　　　　　　　　)という。このうち価値が高いと判断されたものは，(㉑　　　　　　　　　　)として，市町村からの申出にもとづいて選定されている。

▶Step 問題

正答数　　／19問

1 次の図は文化財の体系図(一部)である。□□□にあてはまる語句を書きなさい。

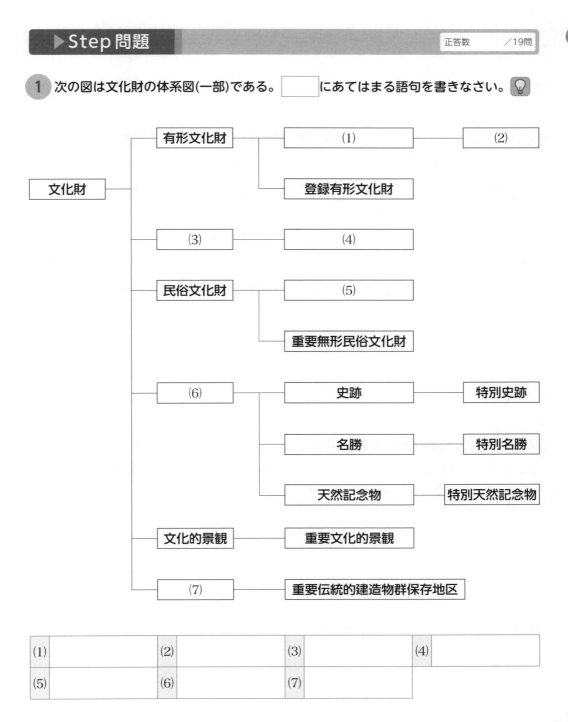

(1)		(2)		(3)		(4)	
(5)		(6)		(7)			

2 次の(1)〜(5)のうち，国立公園にあてはまるものにはAを，国定公園にあてはまるものにはBを，都道府県立公園にあてはまるものにはCを書きなさい。

(1) 日本を代表する優れた自然の風景地で，環境大臣が指定し，国が直接管理する公園。

(2) 優れた自然の風景地で，都道府県が条例により指定・管理している公園。

(3) 価値が高い自然の風景地で，環境大臣が指定し，都道府県が管理している公園。

(4) これに指定されている公園は，全国に57カ所ある。

(5) これに指定されている公園は，全国に34カ所ある。

(1)		(2)		(3)		(4)		(5)	

3 次の各文の下線部が正しい場合は○を，誤っている場合は正しい語句を書きなさい。

(1) 衣食住や生業，信仰，風俗慣習などは，<u>無形文化財</u>である。

(2) 記念物のうち，重要なものは史跡，名勝，天然記念物に指定される。

(3) 人々の生活や生業，その他の風土により形成された景観地を<u>民俗文化財</u>という。

(4) 周囲の環境と一体となって，歴史的な趣きのある自然の風景を形成している伝統的な建造物の集まりを<u>史跡</u>という。

(5) 文化的景観のうち，重要なものは<u>国または都道府県</u>の申出にもとづき，重要文化的景観として指定される。

(1)		(2)		(3)	
(4)		(5)			

4 観光資源の保護を最優先にした場合，観光ビジネスの面におけるデメリットと，保護を最優先しなければならないのはどのような状況なのかについて，それぞれ50字程度で説明しなさい。

デメリット

保護を最優先しなければならない状況

世界遺産について調べてみよう。

1 興味のある世界遺産を調べて書き出してみよう。

※(　　　)内の該当する世界遺産の分類に丸を付けよう。

選んだ世界遺産：
分類(　　　世界文化遺産　　　・　　　世界自然遺産　　　・　　　世界複合遺産　　　　)

2 ①で書き出した世界遺産の特徴や構成資産，魅力などを調べて書き出してみよう。

概要，登録年など	
特徴	
魅力など	

3 ①で調べた世界遺産が，どのように観光商品に活用されているか調べてみよう。

観光商品	特徴（セールスポイント等）

　身近な地域のアドベンチャーツーリズムや，魅力をひろく伝えるためのストーリーづくりについて考えてみよう。

1 あなたの住んでいる地域で，自然・文化・アクティビティのうち，二つ以上を組み合わせた観光商品を調べて書き出してみよう。

観光資源×観光資源	✕
観光商品	

2 あなたの住んでいる地域の自然・文化・アクティビティなどの観光資源を組み合わせた，新たな観光商品を考案しよう。

観光資源×観光資源	✕
観光商品	

3 「日本遺産ポータルサイト」に掲載されているストーリーを参考にして，②で考案した観光商品と地域の魅力をひろく伝えるためのストーリーを考えてみよう。

次の(1)〜(20)にあてはまる用語を書きなさい。

(1)　観光の対象となる事や物。

（　　　　　　　）

(2)　主に自然の力によって成立した観光資源のこと。（　　　　　　　）

(3)　人間の活動によって成立した観光資源のこと。有形のものや無形のものがある。（　　　　　　　）

(4)　主に建築物や自然などの有形の物が保護の対象となっている，1972年にユネスコで採択された条約。

（　　　　　　　）

(5)　湿地の保護に関する国際的な条約。

（　　　　　　　）

(6)　観光客が観光地や観光資源に近づくこと。（　　　　　　　）

(7)　観光客が観光資源についての知識や情報を得ること。（　　　　　　　）

(8)　観光資源に対する精神的な距離が近くなること。（　　　　　　　）

(9)　自然・文化・アクティビティのうち二つ以上を組み合わせた複合的な観光商品による観光振興のこと。

（　　　　　　　）

(10)　音楽や芸術などを活用した観光振興のこと。（　　　　　　　）

(11)　インフラ施設を活用した観光振興のこと。（　　　　　　　）

(12)　ドラマやアニメなどのコンテンツを活用した観光振興のこと。

（　　　　　　　）

(13)　国を代表する優れた自然の風景地を指定し保護や保全を行い，利用の促進を図るための法律。

（　　　　　　　）

(14)　文化財保護法により保護された建造物や絵画などの有形文化財のうち，特に重要なもの。（　　　　　　　）

(15)　文化財保護法により保護された有形文化財のうち，世界文化の見地から特に価値の高いもの。（　　　　　　　）

(16)　文化財保護法により保護された文化財のうち，演劇や音楽など無形のもの。

（　　　　　　　）

(17)　文化財保護法により保護された文化財のうち，衣食住や生業，信仰など，人々の日常生活の中で継承してきた有形・無形の伝承。（　　　　　　　）

(18)　文化財保護法により保護された文化財のうち，史跡，名勝，天然記念物の総称。　　　（　　　　　　　）

(19)　文化財保護法により保護された文化財のうち，その地域の風土などによって形成された景観のこと。

（　　　　　　　）

(20)　文化財保護法により保護された文化財のうち，周囲の環境と一体となって，歴史的な趣きのある自然の風景を形成している伝統的な建造物の集まりのこと。（　　　　　　　）

▲アプリはこちらから

アプリでほかの問題にもチャレンジしてみよう！

1節 地方自治体の観光政策の概要 教科書 p.118～121

● 要点整理

正答数 ／22問

教科書の内容についてまとめた次の文章の（　　）にあてはまる語句を書きなさい。

（①　　　　　　　　　　）とは，国や地方自治体が観光振興を実現するための，方針や取り組みのことである。地方自治体の（①）は，国の（①）を踏まえつつ，それぞれの地域の実情に合った形で実施される。

1 観光基本計画の策定

教科書 p.118

多くの地方自治体では，地域の実情に合った（①）を，どのように進めていくかを定めた（②　　　　　　　　　　）を策定しており，これに基づいて（①）が進められる。

2 地方自治体の観光政策の効果

教科書 p.119

多くの都道府県，市区町村が，観光振興を通じた地域の活性化を主な目的として，（①　　　）を実施している。その取り組みは，情報発信やイベントの企画，観光資源の保護や保全など多岐にわたるが，（③　　　　　　　　　　）や（④　　　　　　　　　　）への効果を考慮したうえで政策として実施される。

1）民間事業者への効果

観光客による食事や土産物の購入，宿泊などの（⑤　　　　　　　　　　）は，商品を直接提供する民間事業者だけでなく，原材料やサービスを提供している民間事業者にも利益をもたらすため，地域経済に与える効果が大きい。そのため，地方自治体の（①）では，政策にもとづく（⑥　　　　　　　　　　）などによる金銭的な補助などの支援を行っている。

2）地域住民への効果

（⑦　　　　　　　　　　）の募集などで，地域住民の参加を促すような取り組みは，地域の観光客に対するおもてなしとなり，地域を訪れた観光客の（⑧　　　　　　）向上につながる。また，地域住民が，自地域の良さを再認識することにもなり，地域住民の（⑨　　　　　　　　　　）の醸成にもつながる。

3 地方自治体の観光主管部署の概要

教科書 p.120

地方自治体の観光振興には，地方自治体のさまざまな部署が関連する。その中でも中心的な役割を担うのが，都道府県庁や市区町村の（⑩　　　　　　　　　　）の中にある観光政策を担う担当部署である。その担当部署を（⑪　　　　　　　　　　）という。「観光課」や「観光戦略部」などがあり，名称や組織の中での位置づけは，地方自治体によって異なる。

Check!

4 観光主管部署と連携する組織

Check!

1）観光協会

観光ビジネスに関係する（⑫　　　　　　　　　）を会員とし，株式会社やNPO法人，一般（公益）社団法人などの法人形態をとる組織を（⑬　　　　　　　　　）という。組織の名称は「（⑬）」や「観光連盟」，MICE誘致を目的に「（⑭　　　　　　　　　　　）」や「コンベンション協会」という名称を使用している組織もある。

2）DMO

（⑮　　　　　　　　　）とは，地域のさまざまな関係者と連携して観光地域づくりの舵取り役を担う組織である。複数の都道府県をエリアとする（⑯　　　　　　　　　　　），都道府県単体や複数の市区町村をエリアとする（⑰　　　　　　　　　），市区町村単体をエリアとする（⑱　　　　　　　　　）の三種類がある。近年では（⑬）が（⑮）となる場合や，それぞれが併存する場合などがある。組織の名称は「（⑲　　　　　　　　　）」，「推進機構」を用いる場合や，組織の成り立ちによっては「（⑬）」や「観光連盟」を用いる場合がある。（⑮）が（⑳　　　　　　　　　）に登録し支援を受けるためには（㉑　　　　　　　　　）の取得が登録要件になっており，データ収集・分析などの専門的な知識を有する（㉒　　　　　　　　　）の配置が義務付けられている。

▶Step 問題

正答数　　　／16問

1 次の(1)〜(5)に最も関係の深いものを，解答群から選び，記号で答えなさい。

(1) 各地方自治体の観光主管部署とともに，地域の観光振興に取り組む組織のこと。

(2) 青森県では冬の観光の目玉とするため，地吹雪などの「雪と生活」を体験するツーリズム事業を拡大し，冬期の誘客を促進する取り組みを行っている。

(3) 地域住民が抱く，地域への愛着のこと。

(4) 各地方自治体により，観光振興計画，観光戦略プランなどさまざまな名称がある。

(5) 企業や国際機関・団体，学会などが行う国際会議などのビジネスイベントの総称。

【解答群】

ア　観光政策　　イ　シビックプライド　　ウ　MICE

エ　観光協会　　オ　観光基本計画

(1)		(2)		(3)		(4)		(5)	

第5章 地方自治体の観光政策

2 次の各文の下線部が正しい場合は○を，誤っている場合は正しい語句を書きなさい。

(1) 地方自治体において，観光政策を主に担う部署を<u>観光主管部署</u>という。

(2) <u>MICE</u>が観光庁に登録し支援を受けるには，法人格の取得が登録要件となっている。

(3) 地方自治体の観光主管部署とともに観光振興に取り組む組織の一つを<u>観光協会</u>という。

(4) 複数の都道府県をエリアとするDMOを<u>地域連携DMO</u>という。

(5) 市区町村単体をエリアとするDMOを<u>広域連携DMO</u>という。

(1)		(2)		(3)	
(4)		(5)			

3 次のDMOについて，エリアを示す下の地図を参照し，広域連携DMO，地域連携DMO，地域DMOのどれに該当するか答えなさい。

(1) （一社）山陰インバウンド機構　　　　　　（　　　　　　　　　）DMO

(2) （一社）やまがたアルカディア観光局　　　（　　　　　　　　　）DMO

(3) 鴨川観光プラットフォーム（株）　　　　　（　　　　　　　　　）DMO

(4) （公財）さんりく基金（三陸DMOセンター）（　　　　　　　　　）DMO

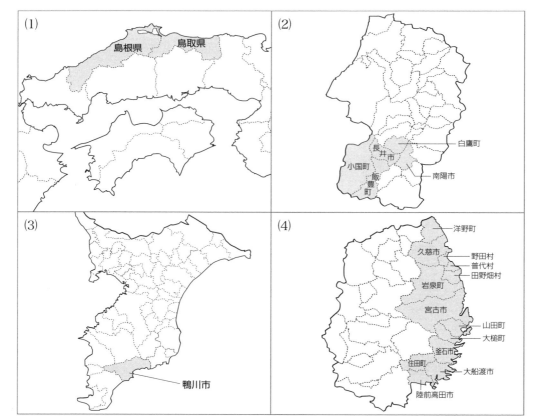

2節 地方自治体の観光政策の実施内容 教科書 p.122〜133

● 要点整理

正答数 ／41問

教科書の内容についてまとめた次の文章の（　　）にあてはまる語句を書きなさい。

Check!

1 観光情報の発信・提供

教科書 p.122〜123

地方自治体の観光政策では，地域への来訪を促したり，地域の（①　　　　　　　）を向上させたりするための（②　　　　　　　）を行う。地域や観光資源が認知されることは，（③　　　　　　　　　　）の重要な要素の一つでもある。

1）各種メディアを通じた発信

多くの地方自治体が情報発信を重視しており，ポスターやパンフレット，Webサイト，アプリ，PR動画など，（④　　　　　　　）を通して，観光情報を発信している。

2）企業への情報提供

観光情報は，（④）を運営する企業や旅行会社などに提供し，（⑤　　　　　　）への協力も行うことで，地域の魅力をより精度高く消費者に届けることができる。旅行会社には，（⑥　　　　　　　）などの教育旅行に関する情報提供も行っている。

3）観光キャンペーンの開催

地域や地方自治体が中心となって取り組む，それぞれの地域の特色ある観光資源を活かした（②）である（⑦　　　　　　　　　　）は，地域への観光客増に大きく貢献している。

4）アンテナショップの運営

地域のプロモーションを目的として，主に都道府県などの地方自治体が開設する店舗を（⑧　　　　　　　　　　）という。東京都内に多く，現地に行かなくても地域の名産品・特産品などが購入できる。

5）観光大使の任命

観光振興を目的として，地域の広報を担う人のことを（⑨　　　　　　　）という。都道府県や市区町村で取り組まれ，その地域出身の（⑩　　　　　　　）が任命されることが多い。近年では動物やキャラクターが（⑨）を務めている地方自治体もある。

2 イベントや国際会議の活用

教科書 p.124

Check!

1）イベントへの出展

国内外の展示会や（⑪　　　　　　　）などのイベントに（⑫　　　　　　　）を出し，自地域を売り込むことで，旅行会社やメディア関係者にPRしたり，観光客の獲得に力を注いだりする。

2）イベントの企画

博覧会，祭り，花火大会，コンサートなど，観光客の誘客のために各地で開催されるものを(⑬)という。地域の観光資源と直接的には関連性のない企画も可能であるため，(⑭)の集客増にも貢献している。

3）国際会議の誘致

国際会議を誘致することで，その開催期間中の誘客や(⑮)が期待できる。

3 観光資源の市場化

教科書 p.125

観光資源を整備し商品化することを観光資源の(⑯)という。(⑯)により，観光客に対して来訪や地域内の(⑰)を促す。

1）観光資源の見直し，掘り起こし，磨き上げ

たとえば，自然体験やまち歩き，歴史探索，生活体験，農林漁業や地場産業の体験などの(⑱)の企画を行うなど，すでにある観光資源をもとに，地域の観光資源を(⑲)たり，新たな観光資源を(⑳)たり，新たな価値づけを行って(㉑)たりする。

2）広域連携による観光の推進

観光政策は，都道府県や市区町村といった行政区分ごとに実施されることが多い。しかし，(㉒)は特定の地方自治体のみを訪れるわけではないため，広域の複数の地方自治体で(㉓)することが重要となる。

4 観光資源の管理

教科書 p.126〜127

観光資源の保護や保全，景観形成などのことを観光資源の(㉔)という。

1）条例や法律による規制

観光地が人気を得ていくと，地域のさまざまな事業者が，そこから得られる利益を求めて，開発を行っていく。(㉕)な開発が進むと，観光地の価値が損なわれる場合がある。そうした状況になることを防止するために，法律や条例により，観光地の開発の(㉖)や(㉗)の制限をかけることがある。

① 開発の規制

都市計画法などの運用により，特定のエリアにおける(㉘)を制限する場合がある。

② 景観形成のための規制

農村景観や歴史的なまちなみなど，地域の(㉙)を守るため，建築物の高さや看板に使用する色彩を規制するなど，条例によって，各地域がその地域に特色的な(㉙)の保護や保全のための取り組みを行っている。

2）適切な観光利用のための利用制限や施設整備

　地域を訪れる(㉒)の数が，地域が受け入れ可能な限度を超えてしまうことを防ぐために，

(㉚　　　　　　　　　　　)や利用料金の設定などにより，観光地の利用者の数を制限する

場合がある。自宅から最寄りの駅や停留所，目的地の手前まで自動車で行き，そこから公

共交通機関を利用して目的地まで移動する方法を(㉛　　　　　　　　　　　　)という。

Check!

5 観光客を受け入れる環境整備

教科書 p.128〜130

1）観光案内所

　観光施設などの情報を整理したマップやリーフレット，各観光施設のパンフレットなど

を取りそろえ，(㉒)に(㉜　　　　　　　　　)を提供する施設を(㉝　　　　　　　　)という。

2）観光案内標識類の設置や多言語化

　観光地へのアクセスを支援するための標識の設置や，さまざまな(㉞　　　　　　　　)への

対応，Webサイトの情報やガイド支援(㉟　　　　　　　　)などの整備も，各地方自治体で

行われている。

3）MaaSの推進

　地域住民や(㉒)一人ひとりの移動ニーズに対応して，複数の移動サービスを最適に組み

合わせて検索，予約，決済などを一括で行うサービスを(㊱　　　　　　　　)という。地

域内のさまざまな移動手段を，一つの(㉟)で検索，予約，支払いなどができるサービスが，

観光地ごとに(㉒)に提供されている。

4）人材の育成

　(㉒)が現地を訪問した後に，再訪したい，という良い印象を持つかどうかは，観光地で

受けた現地の人々の対応や親切などの，(㊲　　　　　　　　　　)による影響が大きい。旅

館やホテル，タクシーなどによる質の高いサービスの提供は，観光地の(㊳　　　　　　　)

をより一層高めることにつながる。そのため地方自治体では，地域住民や地域の観光事業

者への(㊲)の啓蒙に取り組んでいる。

6 観光に関する調査の実施と観光統計の作成

教科書 p.131

　観光政策の(㊴　　　　　　　　)や，観光政策を実施した(㊵　　　　　　　　)を判断するために

は，各種の調査の実施と調査の結果をまとめた(㊶　　　　　　　　)が重要な指標になる。

1 次の(1)〜(5)のうち，条件にあてはまるものにはAを，それ以外にはBを書きなさい。

●条件　地方自治体による観光情報の発信・提供事例

(1) 観光客の増加を狙ったPR動画を作成し，SNSを通じて広報活動を行った。

(2) 地元出身のアイドルを観光大使に任命し，観光振興を目的とした広報活動を行った。

(3) 冬季のスキー修学旅行客の誘客や受け入れのために，地域のスキー場に対してプロモーションや施設改修のための金銭的な支援を行った。

(4) 東京都内の一等地にアンテナショップを開設して地域のPRを行った。

(5) 集客増を狙って，花火大会を企画・開催した。

(1)		(2)		(3)		(4)		(5)	

2 次の各文の下線部が正しい場合は○を，誤っている場合は正しい語句を書きなさい。

(1) 観光施設や飲食店，宿泊施設などの情報を整理したマップやリーフレットなどの各種配布物を取りそろえ，観光客に観光情報を提供する施設を観光協会という。

(2) ハラール料理に対応したメニュー表を用意することは，観光客を受け入れる環境整備の一つである。

(3) 自宅から最寄りの駅や停留所，目的地の手前まで自動車で行き，そこから公共交通機関を利用して目的地まで移動する方法がマイカー規制である。

(4) MaaSとは「サービスとしての観光」という意味である。

(5) 視覚的に意味を伝える絵記号のことで，誰もが理解できるツールとして作成されるものをアプリという。

(1)		(2)		(3)	
(4)		(5)			

3 次の(1)～(5)に最も関係の深いものを解答群から選び，記号で答えなさい。

(1) 農村景観や歴史的なまちなみなどの，地域の景観を守るための規制。

(2) 富山県では，民間企業と協力してeスポーツの大会を開催するなど，eスポーツを通じた地域活性化に取り組んでいる。

(3) 香川県では，2011年に行った「うどん県。それだけじゃない香川県」という取り組みが大きな話題となった。

(4) 観光地を訪れた観光客の携帯電話のインターネット接続データなどから訪問都市などの観光の現状を把握し，観光マーケティング戦略に役立てた。

(5) 観光施設やイベントに訪れた観光客の実数調査や，観光庁から提供される「宿泊旅行統計調査」などのデータから推計する統計調査。

【解答群】　ア　観光キャンペーン

　　　　　　イ　観光入込客統計調査

　　　　　　ウ　イベントの企画

　　　　　　エ　景観条例

　　　　　　オ　観光ビッグデータ分析調査

(1)		(2)		(3)		(4)		(5)	

4 教科書p.132，133の「京都市の観光政策」を参照し，次の(1)～(2)の問いについて答えなさい。✐💡

(1) 観光客が観光地での行動に責任を持ち，より良い観光地をともにつくっていこうとすることを何というか，答えなさい。

(2) 「京都観光快適度マップ」というサービスによって，観光客と京都市の双方が得られるメリットを100字程度で説明しなさい。

身近な地域の観光キャンペーンや，観光大使について考えてみよう。

1 全国で行われている観光キャンペーンを調べて書き出してみよう。

観光キャンペーン	実施地域
キャンペーン内容	

2 あなたの住んでいる地域において，新たな観光キャンペーンを企画してみよう。

観光キャンペーン	実施地域
キャンペーン内容	

3 ②で企画した観光キャンペーンに観光大使を起用するとしたら，どのような人や動物，キャラクターがよいか，理由とともに考えてみよう。

観光大使	理由

次の(1)～(18)にあてはまる用語を書きなさい。

1回目□ (1) 国や地方自治体が観光振興を実現す
2回目□ 　　るための方針や取り組み。
　　　　　　　　　　（　　　　　　　　）

□ (2) 地域の実情に合った観光政策を実施
□ 　　するために各地方自治体で定めた基本
　　計画。　　　　（　　　　　　　　）

□ (3) 地方自治体において，観光政策を主
□ 　　に担う部や課などの担当部署。
　　　　　　　　　　（　　　　　　　　）

□ (4) 地方自治体の観光主管部署ととも
□ 　　に，地域の観光振興に取り組む組織の
　　こと。　　　　（　　　　　　　　）

□ (5) 地方自治体と民間の幅広い連携に
□ 　　よって観光地域づくりを推進する法人
　　のこと。　　　（　　　　　　　　）

□ (6) 複数の都道府県をエリアとする
□ 　　DMO。　　　（　　　　　　　　）

□ (7) 都道府県単体や複数の市区町村をエ
□ 　　リアとするDMO。
　　　　　　　　　　（　　　　　　　　）

□ (8) 市区町村単体をエリアとする
□ 　　DMO。　　　（　　　　　　　　）

□ (9) 地域や地方自治体が中心となって取
□ 　　り組む地域の特色ある観光資源を活か
　　した情報発信。
　　　　　　　　　　（　　　　　　　　）

□ (10) 地域のプロモーションを目的とし
□ 　　て，主に都道府県などの地方自治体が
　　地域の名産品や特産品などを販売する
　　店舗。　　　　（　　　　　　　　）

□ (11) 観光振興を目的として地域の広報を
□ 　　担う人や動物，キャラクターのこと。
　　　　　　　　　　（　　　　　　　　）

□ (12) 各地方自治体によって，地域の景観
□ 　　を守るために，建築物の高さや看板に
　　使用する色彩を規制する条例。
　　　　　　　　　　（　　　　　　　　）

□ (13) 自宅から目的地の手前まで自動車で
□ 　　行き，そこから公共交通機関を利用し
　　て目的地まで移動する方法のこと。
　　　　　　　　　　（　　　　　　　　）

□ (14) 観光情報を整理したマップやリーフ
□ 　　レットなどの配布物を取りそろえ，観
　　光客に観光地の情報を提供する施設。
　　　　　　　　　　（　　　　　　　　）

□ (15) 観光地へのアクセスを支援するため
□ 　　に行っているさまざまな言語への対
　　応。　　　　　（　　　　　　　　）

□ (16) 地域住民や観光客一人ひとりの移動
□ 　　ニーズに対応して，複数の移動サービ
　　スを最適に組み合わせて検索，予約，
　　決済などを一括で行うサービスのこ
　　と。　　　　　（　　　　　　　　）

□ (17) 地域内の観光施設やイベントに訪れ
□ 　　た観光客に関する調査。
　　　　　　　　　　（　　　　　　　　）

□ (18) 観光客が観光地での行動に責任を持
□ 　　ち，より良い観光地をともにつくって
　　いこうとすること。
　　　　　　　　　　（　　　　　　　　）

▲アプリはこちらから

アプリでほかの問題にもチャレンジしてみよう！

1節 観光まちづくりとは何か

教科書 p.136〜141

● 要点整理

正答数 　　／42問

教科書の内容についてまとめた次の文章の(　　)にあてはまる語句を書きなさい。

地域が抱える(①　　　　　　)の解決や，地域の新たな(②　　　　　　)づくりに，(③　　　　　　　　)が貢献できることは多い。しかし，民間企業や地域住民，地方自治体などが別々に活動しても，大きな効果を得ることは難しい。そのため，地域全体で(④　　　　　　　)し，(③)によって地域の新たな(②)をつくる活動を行う。この活動を，(⑤　　　　　　　　)という。

Check!

1 観光まちづくりの概要

教科書 p.136〜137

(⑤)では，(③)の担い手が主体となり，自然，文化，歴史，産業，人材など，地域のあらゆる(⑥　　　　　　)を活かし，地域内外の人々が力を合わせてさまざまな取り組みを行う。

1) 観光まちづくりと観光ビジネス

(⑤)においては，地域の(①)を解決したり，新たな(②)をつくったりするために，目指すべき地域の(⑦　　　　　　)を共有する必要がある。共有した(⑦)をもとに，地域の(②)の(⑧　　　　　　)や，地域内外への(⑨　　　　　　)，競争力のある観光商品の(⑩　　　　　　)など，民間企業，地域住民，地方自治体といった主体が協力しながら(③)を進めていく。こうした取り組みによって，地域住民の生活の向上と，(③)が両立する(⑤)を行うことができる。

2) 観光まちづくりの効果

地域に関心や関わりを持つ地域外の人々を，(⑪　　　　　　)という。(⑪)とは，移住者のような(⑫　　　　　　)でもなく，観光にきた(⑬　　　　　　)でもない，地域に多様に関わる人々のことである。人口減少や高齢化が進む中で，地域住民だけでなく，(⑪)という「地域のファン」をつくることは，(⑤)の(⑭　　　　　　)の不足を緩和したり，地域に新たな(⑮　　　　　　)をもたらしたりすることにつながり，(⑤)の大きな効果となる。

なお，(⑯　　　　　　)を活用して，地方やリゾート地といった場所で余暇を楽しみつつ仕事を行う(⑰　　　　　　)用の商品開発も，(⑤)の取り組みの一つであり，新たな(⑪)づくりのきっかけとなっている。

2 観光まちづくりと地域資源

Check!

1）地域資源と観光資源

1 地域資源から観光資源へ

（⑤）による地域の活性化には，（⑱　　　　　　　　　　）を見つけ出す取り組みと，（⑱）を（⑲　　　　　　　　　　）に変えていく取り組みが重要となる。地域の個性や（②）を表す（⑱）が，地域独自の（⑲）となることで，魅力的な（⑤）が可能になる。

2 地域資源を観光資源にする方法

（⑱）を（⑲）へと変えていくためには，身近にある（⑱）が持つ可能性に気づかなければならない。そのうえで，（⑳　　　　　　　　　　）や（㉑　　　　　　　　　　）を改善する必要がある。その（⑱）が持つ価値や（②）をひろく伝えていくためには，観光客が共感できる（㉒　　　　　　　　　　）を作成するなどの，（㉓　　　　　　　　　　）の工夫も欠かせない。また，既存の（⑲）と組み合わせた新たな（㉔　　　　　　　　　　）の企画や，（㉕　　　　　　　　　　）の実施も，（⑱）の価値や（②）を伝える効果的な手段の一つである。

2）地域資源とは何か

（⑱）は，（㉖　　　　　　　　　　）と（㉗　　　　　　　　　　）に大別される。

1 有形の地域資源

（㉖）とは，名所や史跡，歴史的建造物といった地図に記載されている資源や，自然や景色，建物やまちなみ，郷土料理や名産品・特産品などの，物として（㉘　　　　　　　　　　）（⑱）である。

2 無形の地域資源

（㉗）とは，人が持つ個性や趣味，知識や技能，地域住民によるコミュニティといった人のつながり，地域の歴史や伝統，文化や風習のような，物として（㉙　　　　　　　　　　）資源のことである。その地域の人々の生活の営みによりつくられる文化や風習は，その地域特有のものであり，希少性や独自性の高い（⑱）である。

3 有形の地域資源と無形の地域資源の融合

祭りは，（㉖）である寺社，神輿をはじめとする祭礼用具と，（㉗）である神輿の担ぎ手が持つ技能，伝統や風習，保存会といった人のつながりなどが融合した（⑱）である。祭りやイベントは，次の世代に文化や風習を（㉚　　　　　　　　　　）する場でもあり，（⑤）において重要である。

3）人々の生活から生まれる地域資源

　地域資源は，人々が生活を営む中で形成されるものが多い。(㉛　　　　　　　　　　)はその代表的な例である。風景やまちなみという有形の地域資源だけでなく，その風景やまちなみが作られた歴史や文化，住民が営む生活様式といった無形の地域資源を評価するために，2005年に改正された(㉜　　　　　　　　　　)により新たに文化財に位置づけられた。風景やまちなみという有形の地域資源の背景に，どのような歴史，文化，生活といった無形の地域資源があるのかを考えることで，地域資源同士の関係性に気づくことができる。

3 持続的な観光まちづくりのために

教科書 p.141

1）観光まちづくりがもたらす課題 −観光公害−

　地域が観光地化したことによって，地域住民にもたらす弊害を(㉝　　　　　　　　)という。地域住民が(㉞　　　　　　)や(㉟　　　　　　)を購入してきた店舗が，観光地化したことで主に(㊱　　　　　　　　)向けの商品を提供するようになり，地域住民の生活に影響を及ぼした例がある。

　また，観光客の増加による(㊲　　　　　　　　)や，バスや電車，駐輪場が混雑する例などもあり，地域の新たな課題となっている。

2）持続的な観光振興のための仕組みづくり

　観光と地域が(㊳　　　　　　)するためには，観光資源が(㊴　　　　　　)されず，地域住民の(㊵　　　　　　)を悪化させないといった，観光のあり方を地域住民と考える必要がある。たとえば，地域の名産品・特産品を住民と(㊶　　　　　　　)が協力して企画する，住民が(㊷　　　　　　　)として活躍するといったように，地域の課題や将来像を地域住民と(㊶)などが共有したうえで，観光まちづくりを協力して進める必要がある。

▶Step 問題

正答数　　／17問

1 次の(1)〜(5)のうち，条件にあてはまるものにはAを，それ以外にはBを書きなさい。

●条件　地域に関心や関りを持つ地域外の人々のことを指す「関係人口」

(1) ほとんど関わりがない者　　(2) 行き来する者　　(3) 何らかの関わりがある者

(4) 地域内にルーツがある者　　(5) 定住者

(1)		(2)		(3)		(4)		(5)	

2 次の(1)～(10)のうち，有形の地域資源に分類されるものにはＡを，無形の地域資源に分類されるものにはＢを書きなさい。

(1) 名所や史跡 　　(2) 人が持つ個性や趣味 　　(3) 知識や技能

(4) 歴史的建造物 　　(5) 自然や景色 　　(6) 建物やまちなみ

(7) 地域の歴史や伝統 　　(8) 文化や風習 　　(9) 郷土料理や名産品・特産品

(10) 地域住民によるコミュニティといった人のつながり

(1)		(2)		(3)		(4)		(5)	
(6)		(7)		(8)		(9)		(10)	

3 「観光まちづくり」とはどのような活動のことか，35字程度で説明しなさい。

4 地域が観光地化することによって地域住民にもたらす弊害を観光公害というが，どのようなものがあるか，教科書p.141を参照し例を挙げて100字程度で説明しなさい。

2節 観光まちづくりと地域の活性化のプロセス 教科書 p.142〜150

● 要点整理

正答数 ／54問

教科書の内容についてまとめた次の文章の（　　　）にあてはまる語句を書きなさい。

Check!

1 地域の現状を知る

教科書 p.142〜147

地域の将来像を描くためには，地域の現状を知る必要がある。ここでは，地域の現状について，人口，経済，雇用，医療，福祉，観光など，多岐にわたる視点から調べる方法についてみていこう。

1）統計資料を用いて調べる

地域の現状や課題は，各種（①　　　　　　　）から把握することができる。（①）を用いて調べる方法には主に以下の二つがある。

1 **e-Stat(政府統計の総合窓口)**

日本の統計が閲覧できる政府統計ポータルサイトである（②　　　　　　　）では，都道府県や市区町村別に各種統計を検索することができる。

2 **地方自治体のWebサイト**

（③　　　　　　　）のWebサイトからも，（①）が閲覧できる。人口・土地統計，事業所統計，商工業統計，農林水産統計，経済統計，厚生統計，労働・賃金統計などといった，さまざまな（④　　　　　　　）が紹介されている。

2）観光ビッグデータを用いて調べる

（⑤　　　　　　　）とは，経済産業省と内閣官房デジタル田園都市国家構想実現会議事務局が提供している（⑥　　　　　　　）である。（⑤）は，人口や産業構造，企業活動，消費，観光などに関する（⑦　　　　　　　）のデータを（⑧　　　　　　　）で使用することができる。それぞれの数値の推移をグラフにして表示することができ，他地域との比較も可能である。

3）地域の観光資源を調べる

1 **地方自治体や観光協会などのWebサイトで調べる**

（③）や観光協会，DMOのWebサイトでは，観光客への情報発信に取り組んでいる。また，（⑨　　　　　　　　　　　　）が，全国の（③）や観光協会と共同で運営するWebサイト「（⑩　　　　　　　）」には，（⑪　　　　　　　）の（⑫　　　　　　　）や（⑬　　　　　　　）が掲載されている。

第6章 観光ビジネスと観光まちづくり

② 民間企業のWebサイトで調べる

（⑭ 　　　　　　　　　）のWebサイトなどでも，（⑫）を調べることができる。全国からエリアを選ぶことができ，観光スポット，（⑮ 　　　　　　　　　　　　　），（⑬）など，観光地に関する情報を閲覧することができる。また，（⑯ 　　　　　　　　）のランキングや観光客によるクチコミを提供しているWebサイトもある。

③ RESASを使って調べる

（⑤）の（⑰ 　　　　　　　　　　　）を使用することで，観光客が多く訪れている目的地の一覧を表示することができる。年月を指定すれば，（⑱ 　　　　　　　）ごとに観光客が多く訪れている目的地を把握することも可能である。

4）地域資源や観光まちづくりの課題を調査する

身近な地域の資源や課題は，どのように見つければよいだろうか。ここでは，それらを調べる方法についてみていこう。

① 現地で調査する－フィールドワーク－

現地に行き調査すると，インターネットでは見つからない情報や資料を見つけることができる。現地に赴き，（⑲ 　　　　　　　）や地域住民への（⑳ 　　　　　　　　　　　）を行う調査方法を，（㉑ 　　　　　　　　　　）という。（㉑）では，以下の資源について詳しく調査することができる。特に（㉒ 　　　　　　　　　　　）は，（㉑）でしか見つけられないものも多い。（⑳）や，（㉓ 　　　　　　　　　　　）などを行い，希少で独自性のある地域資源をみつけよう。

- （㉔ 　　　　　　　　　　　）：名所や史跡，自然や景色，建物やまちなみ，郷土料理や
  名産品・特産品
- （㉒）：人が持つ個性や趣味，知識や技能，地域住民によるコミュニティといった人のつ
  ながり，地域の歴史や伝統，文化や風習

② 観光まちづくりのステークホルダーへのインタビュー調査

観光まちづくりの課題を発見する手法として，観光に関するステークホルダーへの（㉓）がある。（㉓）をするうえでは，以下の二つがポイントになる。

⑴観光まちづくりのステークホルダーを把握する

観光客を受け入れる地域や，地域と観光客をつなぐ国や（③），（⑭）などの民間事業者，地域住民，（㉕ 　　　　　　　）や観光協会などの（㉖ 　　　　　　　　　　　　　）に，観光客を加えたものが，（㉗ 　　　　　　　　　　　　　　）である。観光まちづくりでは，観光客もステークホルダーに位置づける。観光客の視点は，地域外から見た客観的な地域の姿を知るきっかけになり，魅力的な観光まちづくりに役立つ。

⑵色々な視点の意見を聞く

　観光に関わる人々以外にも，観光にあまり関心のない(㉘　　　　　　　)などの意見
も聞けるようにするとよい。さまざまな視点から地域についての評価や意見を聞くことは，
より深く地域を理解する助けとなる。

③ 地域資源を活用した体験型観光商品を探す

　地域で展開されている(㉙　　　　　　　　　　)を探してみると，活用されている地
域資源や担い手を知ることができ，地域の活性化やまちづくりへの観光ビジネスの役割を
理解することができる。地域資源を活用した(㉙)は，以下の方法で探すことができる。

⑴JNTOや民間企業のWebサイトで探す

　(㉚　　　　　　　)((㉛　　　　　　　　　　　))は，海外向けに日本の(㉙)を紹介して
いる。また，世界中の宿泊施設や民泊を紹介する民間企業のサイトでは，地域によって提
供される(㉙)が紹介されており，参加申込みができる。地域独自の伝統工芸を作る教室な
どの(㉜　　　　　　　)や，(㉝　　　　　　　　　　)が観光商品として提供されており，
さまざまな地域資源が活用されている。

⑵地域で活動するNPOなどのWebサイトで探す

　地域の(㉞　　　　　　　)のWebサイトでも，地域住民自らが(㉟　　　　　　)となり，
地域の歴史などを説明する(㊱　　　　　　　　)や，地域住民が持つ料理という技能と地
域の郷土料理が融合した(㊲　　　　　　　)などの観光商品を探すことができる。これ
らは，地域住民が観光まちづくりの担い手となっている好例といえる。

2 観光振興策を立案する

教科書 p.148〜150

Check!

　観光まちづくりでは，地域の課題を把握し，地域の個性や特性を活かしながら，具体的
な(㊳　　　　　　　)を立案する。(㊳)を立案するためのプロセスをみていこう。

１）地域の将来像を考える

　ここでは，地域の現状と目指すべき地域の将来像について，(㊴　　　　　　　　　　)を
用いて考える方法をみていこう。まず，地域の現状を以下の四つに整理する。

(㊵　　　　　　　)（S：地域資源）

(㊶　　　　　　　)（W：地域の課題）

(㊷　　　　　　　)（O：社会におけるニーズ）

(㊸　　　　　　　)（T：社会における問題）

そのうえで，以下の4種類の地域の将来像と，その将来像を実現するための地域資源の活用方法を考えよう。

(㊽   )（S×O）

(㊺   )（S×T）

(㊻   )（W×O）

(㊼   )（W×T）

2）地域の将来像の実現方法を考える

考えた地域の将来像を実現するために，必要な地域資源や担い手，それぞれの役割などを考える方法をみていこう。考えるべき点は，以下の五つである。

① (㊴)で考えた四つの地域の将来像のうち，(㊽   )を選ぶ。

② 活用したい地域資源を書き出す。

③ 選んだ地域の将来像の実現のために，地域資源をどう活用すればよいかを検討する。

④ 地域資源を活用するために，誰のどのような(㊾   )が必要かを検討する。

⑤ 地域の人々と将来像を共有するために，一行（短い文章）で地域の将来像を理解できる(㊿   )を作成する。

3）観光商品を企画する

ここでは，具体的な観光商品を企画する方法をみていこう。

1 観光商品を選択する

(㉙)の企画やツアーの実施，イベントによる集客など，さまざまな方法がある。どの商品を選択すれば，地域資源を効果的に活用できるのかを検討する。

2 地域の担い手と連携する

観光商品の企画をするうえで，講師，ガイド，訪問先といった担い手に協力を依頼する必要がある。地域の(51   )と連携することで，多様な視点から振興策を練ることにもつながる。

3 地域資源をプロモーションする

地域資源を組み合わせて生まれた観光商品は，既に人気のある(52   )，(53   )，イベント，(54   )などや，宿泊施設などと組み合わせてプロモーションすることで，観光とまちづくりが融合した観光まちづくりが可能となる。地域住民や観光事業者だけでなく，地方自治体やDMOとの連携は，プロモーションや企画の実施，運営をするうえで非常に重要となる。

1 教科書p.146を参考に，観光まちづくりのステークホルダーを四つ書きなさい。

(1)		(2)	
(3)		(4)	

2 次の各文は，考えた地域の将来像を実現させるために考えるべき点である。下線部が正しい場合は○を，誤っている場合は正しい語句を書きなさい。

(1) SWOT分析で考えた四つの地域の将来像のうち，実現困難なものを選ぶ。

(2) 保護したい地域資源を書き出す。

(3) 選んだ地域の将来像の実現のために，地域資源をどう活用すればよいか検討する。

(4) 地域資源を活用するために，誰のどのような態度が必要かを検討する。

(5) 地域の人々と将来像を共有するために，一行で地域の将来像を理解できるフローチャートを作成する。

(1)		(2)		(3)	
(4)		(5)			

3 SWOT分析について，関連するものを線で繋ぎなさい。

(1) S・   ・Threat   ・機会

(2) W・   ・Weakness   ・強み

(3) O・   ・Strength   ・弱み

(4) T・   ・Oppotunuty   ・脅威

4 地域経済分析システム（RESAS）に関する以下の問いに答えなさい。

(1) RESASとはどのようなものか40文字程度で説明しなさい。

(2) RESASを提供している国の機関（省庁）はどことどこか書きなさい。

（   ） と （   ）

1 観光まちづくりでは，地域の魅力である体験型観光やイベントなどが重要な役割を担っている。なかでもイベントなどの時間の希少性があるものを「トキ消費（再現性の低い「今そこでしか体験できない時間」にお金を使う消費行動）」ともいうが，日本や世界の各地で行われている「トキ消費」の事例を調べてみよう。世界の事例には国名も記入しよう。

	「トキ消費」
日　本	
世　界	

2 あなたの身近な地域で提供できる「トキ消費」には，どのようなものがあるか書き出してみよう。

	「トキ消費」
あなたの身近な地域	

3 調べた「トキ消費」と地域の魅力を組み合わせて，新たな魅力を創出してみよう。

「トキ消費」	地域の魅力

↓

新たな魅力

❶ あなたの身近な地域についての理解を深めるために，観光名所や史跡，建造物，自然や景観，郷土料理や特産品，歴史上の人物，産業，歴史や伝統行事などを，「すごろく」や「地域マップ」，「ポスター」などにして自由にまとめてみよう。作成する「すごろく」や「地域マップ」，「ポスター」には，魅力的なものだけでなく，あなたの身近な地域に存在する「課題」も含められるようにしよう。

❷ タイトル

2 完成した「すごろく」や「地域マップ」，「ポスター」などにタイトルを付けてみよう。

3 完成した「すごろく」や「地域マップ」，「ポスター」などをクラスメイトと共有しよう。
また，「課題」については，その解決策について話し合ってみよう。

> 話し合ったこと

　ワーケーションの可能性について考えてみよう。

1 テレワークを活用して，地方やリゾート地といった場所で余暇を楽しみつつ仕事を行うワーケーションについて，ワーケーションを誘致している地方自治体や，実施している企業などの事例を調べて書き出してみよう。

---

2 あなたなら，どのような場所でワーケーションをしたいと思うか考えてみよう。

---

3 あなたの身近な地域でワーケーションを推進しようとしたとき，どこ（場所）でどのような（テーマ）ワーケーションを提案することができるか考えてみよう。

---

4 あなたの身近な地域でワーケーションを推進しようとしたとき，どのような課題があるか考えてみよう。

次の(1)〜(15)にあてはまる用語を書きなさい。

1回目☐(1)　地域全体で連携し，観光ビジネスによって地域の新たな魅力をつくる活動。
2回目☐（　　　　　　　　　）

☐(2)　地域に関心や関わりを持つ，地域に多様に関わる地域外の人々。
（　　　　　　　　　）

☐(3)　観光にきた人々。
（　　　　　　　　　）

☐(4)　テレワークを活用して，地方やリゾート地といった場所で余暇を楽しみつつ仕事を行うこと。
（　　　　　　　　　）

☐(5)　名所や史跡，歴史的建造物といった地図に記載されている資源や，自然や景色，建物やまちなみ，郷土料理や名産品・特産品などの，物として形のある地域資源。
（　　　　　　　　　）

☐(6)　人が持つ個性や趣味，知識や技能，地域住民によるコミュニティといった人のつながり，地域の歴史や伝統，文化や風習のような，物として形のない地域資源。
（　　　　　　　　　）

☐(7)　人々が生活を営む中で形成される地域資源。
（　　　　　　　　　）

☐(8)　地域が観光地化したことによって地域住民にもたらす弊害。
（　　　　　　　　　）

☐(9)　日本の統計が閲覧できる政府統計ポータルサイト。
（　　　　　　　　　）

☐(10)　産業構造や人口動態，人の流れなどの官民ビッグデータを集約し，可視化するシステム。
（　　　　　　　　　）

☐(11)　公益社団法人日本観光振興協会が全国の地方自治体や観光協会と共同で運営するWebサイト。
（　　　　　　　　　）

☐(12)　現地に赴き，観察や聞き取り調査を行う調査方法。
（　　　　　　　　　）

☐(13)　観光客を受け入れる地域や，地域と観光客をつなぐ国や地方自治体，旅行会社などの民間事業者，地域住民，DMOや観光協会などの観光ビジネスの担い手に，観光客を加えたもの。
（　　　　　　　　　）

☐(14)　地域の将来像が理解できる一行の文。
（　　　　　　　　　）

☐(15)　地域に点在する地域資源を公開，展示，体験することで一つにつなげ，地域を活性化させる取り組み。
（　　　　　　　　　）

第6章　観光ビジネスと観光まちづくり

▲アプリはこちらから

アプリでほかの問題にもチャレンジしてみよう！

本書での学習を進めるにあたり，各章ごとに記録をつけながら学習態度を振り返ったり，目標を設定したりしましょう。

重要用語の確認は，得点を記入しましょう。探究問題は，自分自身がよくできたと感じた場合は左，できたと感じた場合は真ん中，できなかったと感じた場合は右のチェックボックスにチェックをつけましょう。

メモ欄には，「記述問題の正答数を増やす」など，次の章の学習で自分自身が目標にしたい内容を書きこんでください。またそれができたかも振り返りながら，学習を進めて行きましょう。

fight！

Introduction　なぜ観光ビジネスを学ぶのか　　　　　p.2〜p.3

探究問題(p.2,3)　☐☐☐

メモ 📝

第1章　観光ビジネスの概要　　　　　p.4〜p.19

探究問題(p.17,18)　☐☐☐
重要用語の確認(p.19)　　1回目　　/22問　　2回目　　/22問

メモ 📝

第2章　観光ビジネスの主な産業　　　　　p.20〜p.41

探究問題(p.38〜40)　☐☐☐
重要用語の確認(p.41)　　1回目　　/25問　　2回目　　/25問

メモ 📝

第3章　観光ビジネスのマーケティング　　　　　p.42〜p.59

探究問題(p.56〜58)　☐☐☐
重要用語の確認(p.59)　　1回目　　/22問　　2回目　　/22問

メモ 📝

Introduction　なぜ観光ビジネスを学ぶのか

◆ 探究問題 **1**　　　　　　　　　　　　　　　p.2〜3

【解答例】

1 あなたの住む地域の魅力(場所，モノ，コトなど)を，次のキーワードに従って書き出し，キーワードごとに地図に載せる記号を決めよう。キーワードの空いている欄には，オリジナルのキーワードを考えて記入してみよう。

キーワード	あなたの住む地域の魅力 (場所，モノ，コトなど)	地図上 の記号
見る・聞く	松山城，四国八十八か所，子規記念博物館	★
体験する	温泉，砥部焼，釣り，果物狩り	●
食　べ　る	鯛めし，鍋焼きうどん，みかん	◆
映　え　る	海，高浜駅	■
エ　モ　い	下灘駅	▲

■ 解答のポイント

☐ キーワードをもとに，具体的な名産品・特産品や，商品名などを記述しているか。

☐ いろいろな視点から，地域の魅力を考えることができたか。

● 探究のポイント

☐ それぞれの都道府県や市区町村の観光協会のWebサイトなどを参考にしてみるとよい。

2 あなたの住む地域の白地図を描き，その白地図上に①の記号を書き込もう。

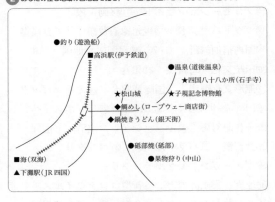

● 釣り(遊漁船)
■ 高浜駅(伊予鉄道)
● 温泉(道後温泉)
★四国八十八か所(石手寺)
★松山城　★子規記念博物館
◆鯛めし(ロープウェー商店街)
◆鍋焼きうどん(銀天街)
● 砥部焼(砥部)
● 果物狩り(中山)
■ 海(双海)
▲下灘駅(JR四国)

■ 解答のポイント

☐ 自分が住む地域の白地図を書くことができたか。

☐ ①で調べた地域の魅力を，白地図上に書き込むことができたか。

● 探究のポイント

☐ 白地図はおおまかなものでもよい。

☐ 主要な道路や鉄道の路線などを書くと，全体の位置関係がわかりやすくなる。

3 ①で調べた地域の魅力はどのような商品(サービスを含む)となって提供されているか，調べて書き出してみよう。

地域の魅力	提供されている商品(サービスを含む)
温泉	道後温泉の旅館 足湯サービス
鯛めし	鯛めし(炊き込みと刺身の食べ比べ)
みかん	みかんジュース
松山城	登山用ロープウェー 登山用リフト
砥部焼	湯呑 茶碗 皿

■ 解答のポイント

☐ ①で見つけた地域の魅力が，どのような商品となって提供されているかを調べることができたか。

● 探究のポイント

☐ それぞれの都道府県や市区町村の観光協会のWebサイトなどを参考にしてみるとよい。

④ ③で調べた商品がたくさん販売されると，その商品に関わっているどのような企業や人々にまで経済効果が波及するか，考えて書き出してみよう。

> **鯛めし**
> 鯛を釣る漁業従事者，市場の関係者，卸，飲食店の店員さん，飲食店におしぼりや飲み物を納入している人，など。
>
> **道後温泉**
> 温泉施設や宿泊施設で働く人々，施設内の清掃業者，寝具の納入業者，パンフレットを作成する人，パンフレットの写真を撮影した人，など

■ **解答のポイント**

☐ 提供されている商品に関わる企業や人々について書き出すことができたか。

☐ 直接的に商品を提供する企業や人々だけでなく，その企業や人々と取引のある食材や飲み物の卸売業や，清掃業者など，地域のさまざまな主体に経済効果が波及することを踏まえて考えることができたか。

● **探究のポイント**

☐ 商品やサービスが，生産されてから消費されるまでの流れを思い浮かべながら考えてみるとよい。

⑤ あなたがこれまでに訪れた観光地でのことを思い出し，そこで提供を受けた「商品」や，その「商品」の提供に関わっている企業や人々を書き出してみよう。

> **過去に訪れたことのある観光地：**
> 広島市
>
> **提供を受けた商品：**
> お好み焼き，もみじ饅頭，原爆ドームの見学
>
> **関わっている企業や人々：**
> 飲食店の店員さん，飲食店におしぼりや飲み物を納入している人，土産物屋の店員さん，もみじ饅頭を製造している人，配送業者，原爆ドームのボランティアガイド，語り部の方

■ **解答のポイント**

☐ 過去に訪れたことのある観光地において，提供を受けた観光商品を書き出すことができたか。

☐ 営利を目的とした企業や個人商店などだけでなく，その地域に住むボランティアの方などの取り組みまで考えることができたか。

● **探究のポイント**

☐ 過去に訪れた際の写真や動画があれば参考にしてみるとよい。

1節 観光ビジネスの担い手と特徴

● **要点整理** p.4～5

①価値　②観光ビジネス　③観光ビジネスの担い手
④企業　⑤⑥国　地方自治体（順不同）
⑦地域住民　⑧ステークホルダー
⑨営利　⑩⑪魅力　知名度（順不同）
⑫⑬⑭遺跡　史跡　文化財（順不同）
⑮非営利組織　⑯NPO
⑰⑱清掃活動　行事（順不同）
⑲ボランティアガイド　⑳サービス　㉑大型休暇
㉒観光資源　㉓流行り廃り　㉔供給量
㉕経済的効果　㉖税収増　㉗インバウンド
㉘インバウンド消費　㉙活動　㉚移住　㉛発信

▶ **Step問題** p.6

1 (1)B　(2)A　(3)A　(4)B　(5)A
2 (1)エ　(2)ウ　(3)イ　(4)オ　(5)ア
3 (1)**例**　地域の知名度が上がったり魅力が認められたりすること。
　　(2)**例**　さらなる地域の魅力の掘り起こしや磨き上げ，それらを発信する取り組み。

2節 観光ビジネスの動向

● **要点整理** p.7～9

①訪日外国人観光客数　②2015年　③2019年
④2,000万人　⑤⑥フランス　スペイン（順不同）
⑦有給休暇
⑧⑨世界遺産　リゾート地（順不同）
⑩プロモーションサイト　⑪移動手段
⑫アウトバウンド　⑬観光総消費額　⑭外食産業
⑮国内宿泊旅行　⑯17　⑰自国　⑱他国
⑲伝統文化　⑳自然　㉑和食
㉒無形文化遺産　㉓国際博覧会　㉔オリンピック
㉕PR　㉖サミット　㉗MICE　㉘ビジネスイベント
㉙多言語対応　㉚キャッシュレス決済　㉛信仰
㉜食習慣　㉝ハラール料理　㉞ベジタリアン
㉟ヴィーガン　㊱グルテンフリー
㊲地震　㊳風評被害　㊴新型コロナウイルス感染症
㊵リーマンショック　㊶金融危機　㊷為替相場
㊸㊹経済問題　外交問題（順不同）　㊺国民感情

▶Step問題 p.9

1
- (1)M ——— I ——— 国際機関が行う国際会議
- (2)I ——— E ——— 企業などの会議
- (3)C ——— C ——— 展示会，見本市，イベント
- (4)E ——— M ——— 企業などの報奨・研修旅行

2 (1)イ (2)ア (3)エ (4)ウ

第1章 観光ビジネスの概要
3節 日本の観光政策

● 要点整理 p.10〜11

①観光振興　②観光政策　③成長速度　④収入
⑤⑥経済　文化(順不同)
⑦⑧⑨⑩日本人観光客　訪日外国人観光客
観光ビジネスを行う民間事業者　観光資源や観光地
(順不同)
⑪プロモーション　⑫⑬保護　保全(順不同)
⑭観光立国
⑮ビジット・ジャパン・キャンペーン　⑯VJC
⑰観光立国推進基本法　⑱観光立国推進基本計画
⑲地方創生　⑳観光先進国　㉑質の向上
㉒観光客数　㉓国土交通省　㉔観光庁
㉕日本政府観光局　㉖稼ぐ力　㉗観光地域づくり法人
㉘観光地経営　㉙舵取り役　㉚満足度
㉛幸福度

▶Step問題 p.12

1 (1)○ (2)観光産業 (3)国際観光 (4)観光旅行

2 (1)イ (2)エ (3)ウ (4)ア

3 (1)例 地域の魅力を高め，地域の「稼ぐ力」を引き出すとともに，地域への誇りと愛着を醸成する「観光地経営」の視点に立った観光地域づくりの舵取り役を担う組織。

第1章 観光ビジネスの概要
4節 観光ビジネスと地域

● 要点整理 p.13〜15

①統廃合　②政令指定都市　③20　④消滅
⑤半分　⑥東京圏　⑦東京一極集中
⑧人口動態統計　⑨後継者
⑩⑪伝統産業　伝統工芸(順不同)
⑫就労場所　⑬若い人　⑭魅力
⑮よく知る人々　⑯発信　⑰地域ブランディング
⑱ブランド力　⑲シビックプライド
⑳㉑誇り　愛着(順不同)　㉒他地域
㉓マイクロツーリズム　㉔高齢者
㉕㉖名産品　特産品(順不同)　㉗土産物
㉘ご当地グルメ　㉙キャラクター　㉚認知拡大
㉛ファン育成　㉜㉝祭り　食文化(順不同)
㉞新たな魅力　㉟㊱体験型　交流型(順不同)
㊲ニューツーリズム　㊳舞台
㊴フィルムツーリズム　㊵聖地巡礼
㊶フィルムコミッション

▶Step問題 p.16

1 (1)1,724 (2)20 (3)3,589 (4)28.4

2 (1)○ (2)5年 (3)厚生労働省
(4)1〜2時間 (5)シビックプライド
(6)フィルムツーリズム

3

【解答例】

❶ お弁当箱を，(1)ご飯もの，(2)主菜，(3)副菜，(4)デザートに分け，それぞれで主として使用する地元産の食材を選定し，どのように調理するか考え，料理の絵や紹介文を書いてみよう。

(1)ご飯もの

食　材（　鯛　　　　　　　　　）
産　地（　愛南町　　　　　　　）
料理名（　鯛めし　　　　　　　）
料理の絵，紹介文

> 愛媛の鯛めしは 2 種類あり，南予地域の刺身を乗せた鯛めしと，中予地域の炊き込み鯛めしがある。お弁当には炊き込み鯛めしを。

(2)主菜

食　材（　松山の地鶏　　　　　）
産　地（　松山市　　　　　　　）
料理名（　唐揚げ　　　　　　　）
料理の絵，紹介文

> 地鶏のから揚げ。「媛っこ地鶏」は適度な脂ののりと豊かな肉汁があり，唐揚げにも最適。

(3)副菜

食　材（　鳥生レンコン　　　　）
産　地（　今治市　　　　　　　）
料理名（　野菜のかき揚げ　　　）
料理の絵，紹介文

> 今治市の鳥生レンコンとサツマイモ，玉ねぎなどで作った野菜のかき揚げ。

(4)デザート

食　材（　ゴールデンキウイ　　）
産　地（　西条市　　　　　　　）
料理名（　カットキウイ　　　　）
料理の絵，紹介文

> 愛媛はみかんが有名だが，キウイも全国でトップクラスの生産量を誇っている。そのPRも込めて。

■ 解答のポイント

☐適切な地元産の食材が選定されているか。
☐地元産の食材の魅力を十二分に活かすことができる調理方法が選択されているか。

● 探究のポイント

☐彩りや栄養バランスまで考慮できるとよい。
☐収穫時期にはこだわらない。

❷ お弁当の魅力が伝わるネーミングとキャッチコピーを考えよう。

ネーミング	東・中・南予，愛媛巡り弁当
キャッチコピー	愛媛県各地の特産品を詰め込んだ宝石箱。

■ 解答のポイント

☐適切なネーミングとキャッチコピーが付けられているか。

● 探究のポイント

☐地域名や地元食材が持つブランド・イメージを活かしたネーミングが考えられるとよい。
☐全国各地の人気の弁当を参考にしてみるとよい。

【解答例】

❶ 映画やドラマ，アニメなどの映像作品の舞台になったり，映像作品の舞台と似ていると話題になったりしたことで，観光地化(聖地化)した地域を調べてみよう。

> 作品名：「君の名は。」
> 　岐阜県飛騨古川駅，岐阜県飛騨市図書館，東京都四谷須賀神社　など

❷ 教科書p.27のインタビューを読んで，映像作品の舞台になると地域にどのような良い効果が生まれるか考えてみよう。

> ・観光客の増加
> ・シビックプライドの向上　など

❸ あなたの身近な地域に，映像作品の舞台になった場所や似ている場所がないか探してみよう。

> ・映画「真夏の方程式(ガリレオ)」……高浜駅
> ・ドラマ「HERO特別編」，映画「男はつらいよ」……下灘駅　など

❹ ③ではどのような写真を撮ると話題になるか，また，どのようなハッシュタグを付けると拡散性が増すか考えてみよう。

> ・映像作品と同じ構図の写真
> ・ # 行ってみた， # 真似てみた， # ロケ地， # 聖地巡礼　など

■ 解答のポイント

□ 作品名と撮影場所，または話題となった場所が記述できているか。

□ 映像作品の舞台になることで地域にもたらされる良い効果について記述できているか。

□ 効果的なハッシュタグが考えられているか。

● 探究のポイント

□ 地域のフィルムコミッションのWebサイトなどを参考にしてみるとよい。

□ 自分が好きな映像作品のクレジットなどで，撮影協力団体や撮影協力地を確認してみるとよい。

■ 重要用語の確認 1　　　　　　　　p.19

(1)観光資源　(2)インバウンド消費

(3)アウトバウンド　(4)MICE　(5)ハラール

(6)ベジタリアン　(7)ヴィーガン　(8)グルテンフリー

(9)観光振興　(10)観光政策　(11)観光立国

(12)観光立国推進基本法　(13)観光立国推進基本計画

(14)地方創生　(15)観光庁

(16)日本政府観光局：JNTO（国際観光振興機構）

(17)観光地域づくり法人：DMO

(18)シビックプライド　(19)マイクロツーリズム

(20)フィルムツーリズム　(21)聖地巡礼

(22)フィルムコミッション

第2章 観光ビジネスの主な産業
1節　旅行業

● 要点整理　　　　　　　　　　　　　　p.20〜22

①旅行商品　②旅行業　③安心感　④時間と手間

⑤付加価値　⑥相場観　⑦不安　⑧販売窓口

⑨オフシーズン　⑩ビジネスパートナー

⑪旅行業者　⑫旅行業者代理業　⑬リテーラー

⑭手配旅行　⑮募集型企画旅行　⑯四つ

⑰ホールセラー　⑱受注型企画旅行　⑲代理販売

⑳仲介　㉑苦情　㉒設備投資　㉓着地型観光商品

㉔発地型観光商品　㉕労働集約型産業

㉖個人旅行に関する業務

㉗団体旅行に関する業務　㉘出張

㉙個人旅行販売店　㉚社員旅行　㉛修学旅行

㉜団体旅行販売店　㉝ソリューション・ビジネス

㉞旅行業法　㉟消費者　㊱営業保証金

㊲旅行業約款　㊳契約内容　㊴観光庁長官

㊵標準旅行業約款　㊶バブル景気　㊷地域

㊸観光の振興　㊹競争　㊺ニーズ　㊻観光名所

㊼ニューツーリズム　㊽雇用　㊾地域限定旅行業

▶Step問題　　　　　　　　　　　　　p.23〜25

❶ (1)(2)募集型企画旅行　受注型企画旅行(順不同)
　(3)手配旅行

❷ (1)イ　(2)エ　(3)オ　(4)ア　(5)ウ

❸ (1)着地型観光商品　(2)労働集約型産業
　(3)○　(4)受注型企画旅行　(5)○

❹ (1)エ　(2)ウ　(3)オ　(4)イ　(5)ア

❺ (1)エ　(2)イ　(3)ア　(4)(5)ウ　オ(順不同)

❻ 例 旅行商品は形がないサービスのため，事前に内容を確認することができない。そのため，旅行者が想像していたサービスと実際のサービスの内容が異なると，旅行者の不満となり，大きなトラブルに発展する恐れもあるため，丁寧な説明が必要となる。

■ 解答のポイント

□ 形がないサービスという旅行商品の特徴を踏まえて記述しているか。

□ 丁寧な説明が，不満やトラブル防止につながることを記述しているか。

❼ (1)B　(2)D　(3)A　(4)D　(5)C

左段

■ 解答のポイント

(1)提供するサービス内容が変更となるため変更補償金の対象となる。

(2)台風は，天災地変のため対象とならない。

(3)旅行業者などの過失によるため，債務不履行責任として損害賠償金の対象となる。

(4)旅行者の故意によるものであり，いずれの対象にもならない。

(5)企画旅行中の携帯品の損害については，特別補償責任として見舞金などが支払われるが，これは損害賠償金や変更補償金とは異なる。

⑧ (1)イ　(2)①大人1名138,600円
　　　　　②小人1名123,000円

■ 解答のポイント

(1)9月5日と12日いずれも旅行代金は同一額であり，フライト代金の追加もない。そのため，1名でも催行が確定するための提案であると推測できる。

(2)大人1名と小人1名の場合，原則として大人と小人両方の人数を足したものが1室の利用人数になるため，本問では，2名1室で計算していく。ただし，小人料金が別途定められている場合は，小人についてはそちらの料金で計算する。

①6月24日基本料金C（2名1室）133,800円に追加料金Dリゾートホテル（2名1室）1,500円とFリゾートホテル（2名1室）3,300円を合算する。

②6月24日基本料金C（小人）120,000円に追加料金Dリゾートホテル（小人）1,000円とFリゾートホテル（小人）2,000円を合算する。

第2章 観光ビジネスの主な産業
2節 **宿泊業**

● 要点整理　　　　　　　　　　p.26～28

①宿泊業　②日本的な文化　③おもてなし　④婚礼
⑤ビジネス　⑥公共的な役割　⑦グレード
⑧メディア　⑨シティホテル　⑩リゾートホテル
⑪個室　⑫多人数　⑬共用　⑭ゲスト　⑮ユース
⑯労働集約型産業　⑰人件費　⑱投資　⑲装置産業
⑳資本集約型産業　㉑運営ノウハウ　㉒オーナー

右段

㉓オペレーター　㉔フランチャイズ方式
㉕結婚式　㉖ハレの日　㉗接遇　㉘宿泊部門
㉙コンシェルジュ業務　㉚ハウスキーピング業務
㉛料飲部門　㉜企画の演出　㉝営業部門
㉞レベニューマネジメント　㉟総務部門
㊱旅館業法　㊲旅館・ホテル営業
㊳㊴構造設備基準　衛生基準（順不同）
㊵都道府県知事　㊶厚生労働省
㊷旅館業における衛生等管理要領
㊸㊹消防法　建築基準法（順不同）　㊺大量に購入
㊻誘客効果　㊼雇用　㊽ブランド・イメージ
㊾複合的　㊿魅力向上

▶Step問題　　　　　　　　　　p.28～29

❶ (1)簡易宿所営業　(2)○　(3)下宿営業
　(4)厚生労働省　(5)風俗面

❷ (1)エ　(2)ウ　(3)ア　(4)イ

❸ 例 宿泊商品は，売れ残ると永遠に消費されない損失となってしまうため，客室の稼働率を向上させるような事前の営業活動が重要になる。

■ 解答のポイント

□宿泊商品が時間の経過により消えてしまう商品であるという特性を記述しているか。

□営業活動の目的として客室の稼働率の向上を記述しているか。

❹ ウ

第2章 観光ビジネスの主な産業
3節 **旅客輸送業**

● 要点整理　　　　　　　　　　p.30～32

①旅客輸送業　②③安全　快適（順不同）
④新幹線　⑤高速道路　⑥交通インフラ　⑦娯楽性
⑧一次交通　⑨二次交通　⑩定時性　⑪大量輸送
⑫公共交通機関　⑬住宅地　⑭商業施設
⑮沿線開発　⑯観光地開発　⑰運輸部　⑱世界各地
⑲国際情勢　⑳航空自由化　㉑アライアンス
㉒コードシェア便　㉓消耗品　㉔費用面
㉕イールドマネジメント　㉖収益　㉗需要予測
㉘収益の最大化　㉙LCC　㉚旅行人口
㉛外国人観光客　㉜バス事業　㉝タクシー事業
㉞事業免許　㉟11　㊱10　㊲乗合バス
㊳貸切バス　㊴高速バス　㊵リムジンバス

㊶定期観光バス　㊷募集型企画旅行　㊸協力体制
㊹イベント　㊺乗降場所　㊻バリアフリー
㊼フェリー　㊽クルーズ船　㊾経済的効果
㊿国土交通省　(51)安全管理　(52)PDCA
(53)監査　(54)上下分離方式　(55)資本　(56)黒字化
(57)観光資源

▶Step 問題　p.33

1 (1)ウ　(2)オ　(3)ア　(4)エ　(5)イ

2 (1)○　(2)一次交通
(3)ダイナミック・プライシング
(4)旅客の輸送　(5)○

3 例　住宅地の開発や商業施設の誘致など沿線開発を行うことで，沿線の魅力が高まり，鉄道利用者を増やすことができる。また，観光地開発を行うことで，鉄道自体の魅力が高まり，観光客を呼び込むことができ，こちらも鉄道利用者増加につなげることができるため。

■解答のポイント
□沿線開発や観光地開発を行うことで，鉄道利用者が増加することを記述しているか。

第2章　観光ビジネスの主な産業
4節　娯楽業

●要点整理　p.34〜35

①娯楽業　②国民の余暇　③誘客効果　④雇用
⑤遊園地　⑥子ども向け　⑦自然　⑧テーマパーク
⑨プレジャーガーデン　⑩ウォルト・ディズニー
⑪明治　⑫地域全体　⑬労働集約型産業
⑭顧客満足度　⑮固定費　⑯装置産業　⑰初期投資
⑱資金　⑲人件費圧縮　⑳マルチ・ジョブ制
㉑リピーター　㉒動機付け

▶Step 問題　p.35

1 例　労働集約型産業であり，人件費の割合が大きい産業であるが，アトラクションの安全管理の必要性や顧客満足度を上げるため，人が行うサービスを安易に減らせないため，人件費がかかり，固定費の負担が大きくなるため。

■解答のポイント
□労働集約型産業の特徴を記述しているか。
□安全管理や顧客満足度向上のために，人件費を簡単に削減できないことを記述しているか。

第2章　観光ビジネスの主な産業
5節　その他の産業

●要点整理　p.36〜37

①博物館　②常設展示　③企画展
④サイト・スペシフィック・アート　⑤特定の場所
⑥特性　⑦生き物　⑧繁殖　⑨上野動物園
⑩実物資料　⑪リスク　⑫行動展示
⑬水槽横での宿泊企画　⑭食　⑮飲食業
⑯昼食施設　⑰食べ歩き　⑱夕食施設　⑲餞別
⑳土産物　㉑土産物店　㉒道の駅
㉓サービスエリア　㉔㉕外観　風情(順不同)

▶Step 問題　p.37

1 (1)文化施設　(2)○
(3)サイト・スペシフィック・アート
(4)トリエンナーレ　(5)○

【解答例】

❶ 顧客の要望に沿った旅行の提案をまとめてみよう。

	（　大　分　）県
旅行先	（理由） 　別府など有名な温泉地があり，ご当地の美味しい食べ物もたくさんあります。また，鉄道，航空，高速道路などアクセスも抜群です。
海の見えるおすすめの宿泊施設（1か所）	（施設名）　潮騒の宿　晴海
	（理由） 　別府温泉でも数少ないオーシャンフロントの立地で，全室が海側に設定されています。眺望抜群の露天風呂付客室も多く，お二人でゆっくりとした時間を過ごしていただけると思います。
どんな名物が食べられるか（2種類）	（商品名） 　全国的に有名となった本場の「中津からあげ」を楽しめます。
	（商品名） 　大分の郷土料理である「だんご汁」のお店がたくさんあります。
体験のできる観光スポット	（スポット名） うみたま体験パーク　つくみイルカ島
	（体験内容） 　イルカショーをご覧いただくだけでなく，ウェットスーツに着替え，イルカたちと一緒に泳げるとても珍しい体験プログラムです。

■ 解答のポイント

☐ 九州地方の1県を選ぶことができたか。

☐ すべての項目を同一県内にあるものから選ぶことができたか。

☐ 顧客の要望を踏まえた提案になっているか。

☐ 顧客向けに話し言葉で記述しているか。

● 探究のポイント

☐ 九州地方はすべての県が海に接しているため，まずは旅行先の県を決めてから，海の見える宿泊施設を旅行予約サイトなどから探してみるとよい。

☐ 宿泊施設が決まったら，その県の代表的な名産品・特産品や観光スポットを，観光情報サイトや観光協会のWebサイトから探してみよう。

【解答例】

❶「小さな子供連れのファミリー向け」「女子旅向け」「シニア向け」「ペット宿泊可」などの宿泊プランを販売しているホテルや旅館を調べ，どのような商品を提供しているか，特徴的なものを調べてみよう。

- ・小さな子どもの食事無料
- ・段差の少ないローベッドの完備
- ・離乳食の温めサービス
- ・ペット専用風呂の完備
- ・エステ付きプラン
- ・高級ブランドのアメニティ提供

■ 解答のポイント

☐ 旅行予約サイトなどで調査し比較することができているか。

☐ 各プランの特徴的な内容を記述しているか。

● 探究のポイント

☐「女子旅プラン」などキーワードとなる言葉を検索し，特徴的なプランを調査してみよう。

☐ 旅行予約サイトでは，プランの詳細欄に具体的なサービスが記載されているので，探してみよう。

❷ 次のそれぞれの宿泊客に対して，宿泊商品やサービス以外に提供できる「心遣い」にはどのようなものがあるか，考えてみよう。

赤ちゃんを連れたファミリー客	・お部屋にベビーバスやオムツ専用のゴミ箱を用意する ・両親がゆっくり食事ができるよう，おもちゃや本を準備する
20代女性だけのグループ旅行客	・近隣のパワースポットやご利益のある神社を案内する ・オシャレな色浴衣の提供と記念写真のサービスをする
高齢者の団体旅行客	・なるべくエレベーターに近い客室を用意する ・食事会場は椅子席にする

■ 解答のポイント

☐ それぞれの顧客の視点，立場で嬉しいと思える心遣いを考えることができているか。

● 探究のポイント

☐ 赤ちゃん連れや高齢者の旅行者が，ホテルや旅館でどのようなことに困るかを，それぞれの立場から考えてみるとよい。

☐ 女子会やグループ旅行客の場合，どのような過ごし方をするかを考えてみるとよい。

③ ②の心遣いを，サービスとして具現化させた宿泊プランを考えてみよう。

赤ちゃんを連れたファミリー客向け	「パパ・ママごゆっくりプラン」 　お父さん，お母さんがゆっくり過ごせるよう，短時間託児サービスや食事会場での子ども向けイベントなどを行う。
20代女性だけのグループ旅行客向け	「願いがかなう！　運気アッププラン」 　パワースポットの紹介だけでなく，地元の占い師との相談サービスやお部屋でゆっくりと語れるお菓子セットなどの提供。
高齢者の団体旅行客向け	「お出かけを楽しもうプラン」 　バスでの送迎や部屋割りの配慮など可能な限り，移動や体にかかる負担をなくし，旅行に出かけようという気持ちを起こさせる。

■ 解答のポイント
□それぞれの顧客が「あったら嬉しい」と思える
サービスが取り入れられたプランになっているか。

● 探究のポイント
□②で考えた心遣いが，どのような場面で，どのようなサービスとして提供できるか考えてみよう。

【解答例】

① 旅客輸送業が実施した車両や船を利用したイベントについて，先行事例を調べてみよう。

事例1	しなの鉄道「生ビール・地ビール列車」 　「乗って・見て・楽しむ電車」を実現し，地域の鉄道として，沿線飲食店のプロモーションも含めたイベントを実施。一人5,000円ほどで，電車の車窓を楽しみながらビールを思う存分楽しめるという企画。
事例2	伊豆箱根バス「バスで巡る体験型謎解きイベント」 　伊豆長岡駅を中心とした，謎解きゲーム「謎が解けない名探偵」に参加し，地域の観光周遊バスを使用して，目的地を巡っていくイベント。伊豆の国市の新たな魅力発見と観光周遊バスの活用を目的としている。

■ 解答のポイント
□イベントの目的やねらい，その効果について
調べられているか。

② ①の先行事例を参考に，地元で開催するイベントの企画書（一部）を作成してみよう。

観光客集客のための新規イベント企画書

○**イベント名**

新企画！　鉄道型フードコート「しなの」

○**イベント内容**

　貸切列車の各車両をカテゴリーに分け，地元の飲食店などに出張販売してもらうスペースを提供し，販売と飲食の提供を行う。お客が乗車するのではなく，主要駅で停車時間を設け，その停車中のみ利用できる方式。

○**どのような効果が期待できるか**

　旅客輸送はせず，フードコートが鉄道で各駅に移動してくるイメージ。乗車型でないため，旅行者は時間に拘束されず，行程の中で，時間を合わせて駅に立ち寄るだけで，地元の味を同時に複数楽しむことができる。

■ 重要用語の確認 **2**　　　　　　　　　　p.41

(1)旅行業　(2)旅行業者代理業　(3)リテーラー

(4)ホールセラー　(5)手配旅行　(6)募集型企画旅行

(7)受注型企画旅行　(8)発地型観光商品

(9)着地型観光商品　(10)労働集約型産業

(11)個人旅行に関する業務　(12)団体旅行に関する業務

(13)旅行業法　(14)旅行業約款　(15)装置産業

(16)フランチャイズ方式　(17)レベニューマネジメント

(18)一次交通　(19)二次交通　(20)アライアンス

(21)ダイナミック・プライシング　(22)LCC

(23)上下分離方式　(24)マルチ・ジョブ制

(25)サイト・スペシフィック・アート

第3章 観光ビジネスのマーケティング
1節 観光ビジネスの顧客

● 要点整理　　　　　　　　　　　　p.42〜44

①公用旅行　②商用旅行　③観光旅行

④国連世界観光機関　⑤観光統計

⑥宿泊旅行統計調査　⑦出入国管理統計

⑧旅行・観光消費動向調査　⑨観光入込客統計

⑩日帰り客　⑪宿泊客　⑫観光消費

⑬インバウンド　⑭訪日外国人観光客

⑮アウトバウンド　⑯個人旅行客

⑰FIT（個人自由旅行）　⑱団体旅行客

⑲同一ルート　⑳単一目的地型　㉑長期滞在

㉒拠点地型　㉓複数の観光地点　㉔周遊観光型

㉕ラケット型　㉖目的地　㉗拠点地　㉘周辺観光地

㉙共存共栄　㉚近隣周辺国　㉛文化的　㉜東京

㉝大阪　㉞京都　㉟観光消費額　㊱長く　㊲高額

㊳7日前後　㊴5〜6日　㊵リピーター

㊶体験型観光　㊷自然体験　㊸文化体験

㊹見学旅行　㊺伝統文化　㊻サブカルチャー

㊼アクティビティ　㊽オーストラリア人

㊾ゆったり過ごす　㊿雪　51農業体験

▶Step問題　　　　　　　　　　　　p.45〜46

1　(1)①宿泊客　②日帰り客　③旅行会社
　　④交通機関
　(2)例　客単価が低く，決まったルートしか行動
　　しない。

　(3)例　団体客と比較して滞在時間が長く行動範
　　囲が広いため，客単価が高い。

2　(1)Aイ　Bウ　Cエ　Dア
　(2)(i)ア　(ii)エ　(iii)ウ　(iv)イ

3　(1)①20　②12　③10　④30　⑤7　⑥11
　(2)①少ない　②○　③イギリス　④○

4　(1)ウ　(2)エ　(3)イ　(4)ア

● 要点整理　　　　　　　　　　　　　　　　p.47〜48

①売れる仕組み　②観光マーケティング

③個別企業　④観光地　⑤観光商品

⑥イメージ　⑦価値

⑧ブランド　⑨商標　⑩⑪クチコミ　評価(順不同)

⑫許容量　⑬オーバーツーリズム

⑭サステナブルツーリズム

⑮⑯住環境　地域文化(順不同)

⑰デスティネーション

⑱デスティネーション・マーケティング

⑲⑳観光庁　日本政府観光局(順不同)

㉑㉒観光協会　DMO(順不同)

㉓固有　㉔行きたい　㉕選択　㉖競合　㉗地域全体

㉘先導的　㉙合意形成

▶Step問題　　　　　　　　　　　　　　　p.48〜49

❶　(1)①自然環境　②地域文化　③概念
　　　　④観光マーケティング
　　(2)**例**　オーバーツーリズムは，交通機能を麻痺
　　　　させ，騒音やごみの散乱などの迷惑行為で周
　　　　辺の住環境を破壊し，生態系や自然環境に悪
　　　　影響を与え，地域住民からの反感を生み出し
　　　　かねない。

■解答のポイント
□オーバーツーリズムによる負の影響について
　記述しているか。
□負の影響による，地域住民や地域の観光への
　影響について記述しているか。

❷　(1)①固有　②特性　③④価値　魅力(順不同)
　　　　⑤行きたい
　　(2)**例**　観光客のデスティネーションの選択には
　　　　さまざまな要因が作用するため，温泉地と競
　　　　合するのは別の温泉地だけではなく，観光客
　　　　によっては，テーマパークや海外の観光地が
　　　　温泉地の比較の対象であることも考慮しなく
　　　　てはならない。

■解答のポイント
□指定された語(「テーマパーク」「海外の観光
　地」「デスティネーションの選択」)を使用し
　ているか。
□競合となるのは温泉地だけでなく，別の観光
　地や観光施設などが競合となる可能性がある
　ことについてを記述しているか。

(3)国　：イ，オ(順不同)
　　地方：ア，ウ，エ(順不同)

● 要点整理　　　　　　　　　　　　　　　　p.50〜53

①何を　②誰に　③どうやって　④環境分析

⑤何を提供できるか　⑥SWOT分析　⑦強み

⑧弱み　⑨機会　⑩脅威　⑪環境要因

⑫⑬市場機会　事業課題(順不同)

⑭コントロールできる　⑮人材

⑯Strength　⑰貢献　⑱Weakness　⑲障害

⑳コントロールできない　㉑自然的要因

㉒経済的要因　㉓政治的要因　㉔社会的要因

㉕Opportunity　㉖Threat　㉗STP分析　㉘顧客層

㉙セグメンテーション　㉚セグメント

㉛人口動態変数

㉜㉝学生旅行市場　ビジネス旅行市場(順不同)

㉞人口規模　㉟地理的変数　㊱地理的近接性

㊲交通アクセス　㊳心理的変数　㊴文化的近接性

㊵心理的近接性　㊶ターゲティング

㊷ターゲット　㊸無差別型ターゲティング

㊹経営資源　㊺大手企業　㊻消費行動

㊼差別型ターゲティング　㊽料金設定

㊾ファーストクラス　㊿ツインルーム

51集中型ターゲティング　52ニッチ市場

53コアなファン　54特定の市場　55イメージ

56ポジショニング　57指標　58価値軸

59マトリックス図　60購買決定要因

61ポジショニング・マップ

62マーケティング・ミックス　63Product

64商品政策　65⑥⑥価値　魅力(順不同)　67Price

68価格政策　69価格感度　70無形の商品

71観光体験　72Place　73販売チャネル

74チャネル政策　75旅行会社

76OTA(オンライン・トラベル・エージェント)

77電子商取引

78Promotion　79プロモーション政策

80プロモーション・ミックス　81メディア　82SNS

▶Step問題 p.54〜55

1 ①強み・strength ②弱み・weakness
③機会・opportunity ④脅威・threat
⑤セグメンテーション・segmentation
⑥ターゲティング・targeting
⑦ポジショニング・positioning
⑧⑨⑩⑪商品政策・product 価格政策・price
チャネル政策・place
プロモーション政策・promotion
(⑧⑨⑩⑪順不同)

2 (1)SWOT分析
(2)外部環境分析 (3)コントロールできない
(4)○ (5)ファイブ・フォーシズ分析

3 (1)**イ** (2)**オ** (3)**ア** (4)**エ** (5)**ウ**

4 (1)**イ** (2)**エ** (3)**ウ** (4)**ア**

5 (1)B (2)A (3)C (4)B

◆探究問題 7 p.56

【解答例】

　身近な地域において,観光地としての強みや弱み,機会,脅威についての環境分析を行い,観光振興のアイデアを考えてみよう。

1 環境分析を行う地域を決めよう。

地域名　長野県白馬村

2 ①で選んだ地域について,SWOT分析をしてみよう。

Strength：強み	Weakness：弱み
夏季は大自然を活かしたアウトドアやキャンプができ,冬季はスキーやスノーボードでパウダースノーが楽しめる	高速のIC,新幹線の駅からやや遠い 冬季以外の時期の日本人観光客の減少 村内の移動手段が少ない 雨の日に楽しめる観光施設が少ない
Opportunity：機会	Threat：脅威
海外では日本の質の高いパウダースノーがJAPOW(ジャパウ)と呼ばれ人気があり,外国人観光客が増えている 冬季の外国人観光客は長期の連泊が見込める	気候変動で降雪量の減少の可能性がある 北海道のニセコ町などの国内の競合がある

3 ①で選んだ地域を訪れているのは,どのようなライフスタイル,趣味嗜好,価値観の観光客かを考えてみよう。

例　自然の中で過ごすことが好きな人,ウィンタースポーツが好きな人(冬季)

4 SWOT分析で調べた現状から,どのような観光振興の取り組みが有効なのか,③で考えた観光客のライフスタイルなどを踏まえて,アイデアを考えてみよう。

(1)強み(Strength)を機会(Opportunity)で活かす観光振興のアイデア

例　一度来た外国人にリピートしてもらえるようにSNSやWebサイトでの白馬の自然やアクティビティの情報発信を通して白馬での観光体験を長く記憶してもらえるようにする

(2)弱み(Weakness)を機会(Opportunity)で強みに変える観光振興のアイデア

例　冬季に訪れた外国人観光客に,夏季にも訪れてもらえるよう,夏季の観光資源を紹介するパンフレットや割引券を村内施設で配布する。
　外国人観光客でも利用可能な自転車を村内の宿泊施設などに配備し,村内の周遊を促す。

■解答のポイント

□特定の観光施設ではなく,地域全体を客観的な視点で分析できているか。
□SWOT分析の結果や,観光客の属性を考慮したうえで,観光振興のアイデアを考えることができているか。

■探究のポイント

□地域の強みや弱み,機会や脅威は,地域の観光基本計画を確認してもよい。
□観光客や地域の人にインタビュー調査ができると,多角的な現状分析が可能になる。
□学校のある地域にある観光資源やまだ活用されていない地域資源を観光協会や地方自治体のWebサイトで調べるとよい。

【解答例】

1 地域の観光ビジネス携わる企業や地方自治体が，SDGsやサステナブルツーリズムに関連して，環境負荷を減らすためにどのような取り組みをしているか調べてみよう。

企業・自治体名	どんな取り組みをおこなっているか
例　白馬村観光局（DMO）	例　サーキュラーエコノミーの考えを取り入れた2030年の白馬村のビジョン「サステナブルを遊ぶ，企む，つくる」を策定し，言葉とビジュアルで表現した。

2 ①で調べた取り組みが(1)地域にどのような影響を与えるか(2)地域に広く普及させるためにはどのようなことが必要か考えてみよう。

(1)	例　小水力発電やコンポストなど自然環境に配慮した取り組みが増えていく
(2)	例　自然の中で遊びや楽しみを通して自然環境の大切さを学ぶ

3 環境に負荷をかけずに観光を楽しむために，旅行者にできることを考えてみよう。

例　Green KeyやBIO HOTELといった認証を受けた環境に配慮した宿泊施設を選ぶ
例　鉄道で2～3時間で行ける範囲なら飛行機を使用しない

■解答のポイント

☐SDGsやサステナブルツーリズムに取り組む企業や地方自治体を調べて書き出せているか。

☐①で調べた取り組みが地域に与える影響や，普及させるために必要なことについて，自分の考えを記述しているか。

☐責任ある旅行者として，旅行者視点でできることについて考えられているか。

●探究のポイント

☐Green KeyやBIO HOTELなどの認証を受けるためには，どのような基準を満たさなくてはならないか調べてみるとよい。

☐フランスでは，列車やバスを使い2時間半以内で移動できる範囲の国内線空路の区間を全面的に禁止する法律が2022年4月より施行されるなど，環境負荷の削減に向けた取り組みが強化されている。飛行機を使わない旅行形態であるスロートラベルも注目されている。

【解答例】

1 RESASで学校のある都道府県の宿泊施設の月別稼働率を調べてみよう。

地方自治体名：　長野県　　　　（2021年）　　（単位：%）

1月	2月	3月	4月	5月	6月
16.5	19.8	24.7	18.7	19.3	18.9
7月	**8月**	**9月**	**10月**	**11月**	**12月**
28.3	30.5	25.2	33.0	30.9	27.9

2 ①の結果から観光客が多い時期はいつで，どのような観光をしているか考えてみよう。

例　8月などの夏の時期は子どもの夏休みに合わせて家族連れが多く自然を体験するアクティビティをしている。10月，11月は紅葉シーズンで景色を楽しむ人が多い。

3 ①の結果から観光客が少ない時期はいつで，なぜ少ないか考えてみよう。

例　観光資源の多くが屋外の自然体験や景色景観であるため，1月は寒く，6月は雨が多いことから観光客が少ない。

4 観光客が少ない時期にも地域を訪れる観光客を増やし，観光需要を平準化するために，どのような取り組みが行われているか調べてみよう。

例　寒い時期に既存の自然公園に大規模なイルミネーションを行い，雪とイルミネーションでオフシーズンに新たな魅力を生み出している。

■解答のポイント

☐RESASを使って，学校のある都道府県の宿泊施設の月別稼働率を調べることができたか。

☐調べた月別稼働率から，観光客の訪問動機を推測することができたか。

☐観光需要の平準化のために，調べた都道府県で行われているオフシーズンの取り組みについて調べることができたか。

●探究のポイント

☐RESASでグラフを表示する際，"表示方法を指定する"で宿泊施設タイプ別か従業者規模別かを選択することができる。これらの数値に着目して分析してみてもよい。

(1)単一目的地型　(2)拠点地型　(3)周遊観光型

(4)ラケット型　(5)FIT（個人自由旅行）

(6)リピーター　(7)体験型観光

(8)観光マーケティング　(9)オーバーツーリズム

(10)サステナブルツーリズム

(11)デスティネーション(観光目的地)

(12)デスティネーション・マーケティング

(13)SWOT分析　(14)セグメンテーション

(15)セグメント　(16)ターゲティング　(17)ニッチ市場

(18)ポジショニング　(19)購買決定要因(KBF)

(20)マーケティング・ミックス

(21)OTA（オンライン・トラベル・エージェント）

(22)ペルソナ

第4章 観光資源の発見と活用

1節 観光資源とは何か

● 要点整理　　　　　　　　　　　　p.60〜62

①観光資源　②自然資源　③人文資源　④複合資源

⑤持続的な開発目標　⑥世界遺産条約

⑦無形文化遺産保護条約　⑧ラムサール条約

⑨賢明な利用　⑩生物多様性

⑪世界自然保護基金　⑫三つのアクセス

⑬観光ビジネス　⑭保護や保全

⑮物理的アクセス　⑯情報的アクセス

⑰精神的アクセス　⑱価値　⑲アクティビティ

⑳アドベンチャーツーリズム　㉑アートツーリズム

㉒インフラツーリズム　㉓産業観光

㉔コンテンツツーリズム　㉕聖地巡礼

㉖フィルムツーリズム　㉗フィルムコミッション

㉘須賀神社前の階段

▶Step問題　　　　　　　　　　　　p.62〜64

❶　(1)イ　(2)ウ　(3)オ　(4)ア　(5)エ

❷　(1)○　(2)精神的アクセス

　　(3)○　(4)情報的アクセス

❸　(1)A　(2)C　(3)B　(4)C　(5)A

❹　(1)A　(2)B　(3)B　(4)A　(5)B

　　(6)A　(7)B　(8)A　(9)B　(10)A

❺　例　観光客が多すぎてしまうとオーバーツーリ
　　　　ズムが発生し，少なすぎるとビジネスとして
　　　　収益が得られないため，観光資源の保護や保
　　　　全の取り組みとともに，マネジメントによっ
　　　　て適正規模を維持するよう取り組む必要があ
　　　　る。

■解答のポイント

　□持続的な運営のために，適正規模を維持する
　　マネジメントの重要性が記述できているか。

❻　(1)ア

　　(2)例　見たことのない景色や，そこでしかでき
　　　　　ない体験など，普段の生活との「差異」が，
　　　　　観光客がその地域に赴く動機となることか
　　　　　ら，観光客にとって非日常を感じさせる観
　　　　　光資源をつくりだすアイデアを考える。

■解答のポイント

　□特集を参考に，観光客に日常との差異を感じ
　　させることの重要性を記述しているか。

2節 観光資源の保護と保全

●要点整理
p.65〜67

①お金 ②保護 ③保全 ④破壊 ⑤消滅 ⑥価値
⑦持続可能な視点 ⑧収益 ⑨法律 ⑩補助金
⑪人的 ⑫政策的支援 ⑬自然公園法 ⑭国立公園
⑮国定公園 ⑯都道府県立公園 ⑰文化財保護法
⑱文化財 ⑲有形文化財 ⑳重要文化財 ㉑国宝
㉒登録有形文化財 ㉓無形文化財
㉔重要無形文化財 ㉕各個認定
㉖㉗総合認定 保持団体認定(順不同)
㉘民俗文化財 ㉙重要有形民俗文化財
㉚重要無形民俗文化財 ㉛記念物
㉜㉝㉞史跡 名勝 天然記念物(順不同)
㉟㊱㊲特別史跡 特別名勝 特別天然記念物
(順不同) ㊳文化的景観 ㊴重要文化的景観
㊵伝統的建造物群 ㊶重要伝統的建造物群保存地区

▶Step問題
p.67〜68

1 (1)重要文化財 (2)国宝 (3)無形文化財
(4)重要無形文化財 (5)重要有形民俗文化財
(6)記念物 (7)伝統的建造物群

2 (1)A (2)C (3)B (4)B (5)A

3 (1)民俗文化財 (2)○ (3)文化的景観
(4)伝統的建造物群 (5)都道府県または市区町村

4 デメリット
例 観光客が観光資源に全く近づけなくなるような対策を取らなければならなくなり,観光ビジネスが成り立たなくなる。

保護を最優先しなければならない状況
例 観光資源の破壊が進んでいる場合や,観光資源そのものの存在が消滅してしまう危険性がある状況。

◆探究問題 **10**
p.69

【解答例】

1 興味のある世界遺産を調べて書き出してみよう。

※( )内の該当する世界遺産の分類に丸を付けよう。

> **例** 選んだ世界遺産：白神山地
>
> 分類(世界文化遺産 ・ 世界自然遺産
> ・ 世界複合遺産)

2 ①で書き出した世界遺産の特徴や構成資産,魅力などを調べて書き出してみよう。

概要,登録年など	白神山地は,秋田県北西部と青森県南西部にまたがる約１３万haに及ぶ広大な山地帯で,１９９３年１２月に世界自然遺産に登録された。核心地域においては,次世代に貴重な自然環境を引き継いでいくため,人の手を加えず既存の歩道を含めてルートの整備は行っていない。
特徴	人為の影響をほとんど受けていない世界最大級の原生的なブナ林が分布し,この中に多種多様な動植物が生息・自生するなど,貴重な生態系が保たれている。
魅力など	白神山地は「マタギ」と呼ばれる狩猟を生業としてきた人々が,熊を撃ち,山菜を採り,炭を焼くなどの暮らしとともに命を繋いできた山である。年中,山に入るマタギは,生態系には影響を与えず,自然を守る役割もあった。手つかずの自然環境や貴重な生態系とともに人の暮らしや仕事を感じることができるのも魅力である。

3 ①で調べた世界遺産が,どのように観光商品に活用されているか調べてみよう。

観光商品	特徴(セールスポイント等)
マタギツアー (マタギ舎ツアー)	ツアーガイドとともに山を歩きながら,ブナの原生林や動植物の貴重な生態系を感じることができる。マタギ舎のツアーでは,伝統の豆腐作りを体験できる。豆はマタギが自ら無農薬で作った毛豆や枝豆,だだちゃ豆など,その時の収穫状況に合わせた豆を使用する。また,豆腐造りにかかせない木箱はマタギの手作りであり,必要な道具を自分で作っていたマタギの文化にも触れることができる。

■解答のポイント

☐興味のある世界遺産を書き出せているか。
☐書き出した世界遺産の概要や登録年,特徴,魅力などを書き出せているか。
☐書き出した世界遺産が,どのように実際の観光ビジネスに活用されているか,セールスポイントなどが書き出せているか。

●探究のポイント

☐世界遺産を調べる際は,日本国内の世界遺産なら文化庁のWebサイト,外国の世界遺産なら公益社団法人日本ユネスコ協会連盟のWebサイトなどを参照するとよい。
☐実際の観光ビジネスへの活用例は,都道府県のWebサイトや,観光情報サイトなどを参照するとよい。

[解答例]

❶ あなたの住んでいる地域で，自然・文化・アクティビティのうち，二つ以上を組み合わせた観光商品を調べて書き出してみよう。

観光資源×観光資源	手つかずの自然が多く残された原生林	×	ハイキング
観光商品	十和田湖畔に広がる，手つかずの自然が多く残された原生林の中を流れる渓流沿いを歩くツアー。ここには，さまざまな動植物が生息しており，一年を通してハイキングを楽しむことができる。さらに，大自然がつくりだす荘厳な景色は，季節により変化することから，訪れる時期によって雰囲気が大きく変わるため，その季節限定という希少性も訴求している。		

❷ あなたの住んでいる地域の観光資源を活用した新たな観光商品を考案しよう。

観光資源×観光資源	日本一の生産量を誇るにんにく	×	農作業
観光商品	にんにくの植え付けから収穫までを体験するツアー 畑を提供し，観光客が複数回訪れ植え付けから収穫までを行う。収穫したにんにくを使ってさまざまな加工食品を作ったり料理をしたりするなどの体験を組み込んだ観光商品。		

❸ 「日本遺産ポータルサイト」に掲載されているストーリーを参考にして，❷で考案した観光商品と地域の魅力をひろく伝えるためのストーリーを考えてみよう。

①青森県のにんにくは，国内出荷量の約7割を占めており，「日本一の生産量」を誇っている。
②栽培品種は，青森県の気候に適した「福地ホワイト」という系統が多く生産されており，身が引き締まって「青森の雪」のような白さが特徴的である。
③青森県ではにんにく栽培に適した土づくりや高度な栽培技術，貯蔵技術などによって品質の良いにんにくを通年で出荷している。
④秋に種を植え付け，冬は雪の積もる畑の中でじっくりと育てる。
⑤通年出荷の青森にんにくだが，旬の時期に産地限定で味わうことができる「生にんにく」がある。（市場やスーパーで出回るものは乾燥させたもの。）
⑥「生にんにく」は非常にみずみずしく，香りや味はにんにくらしさが際立っており，期間限定で産地でのみ楽しむことができる特別なにんにくである。

■ 解答のポイント

□身近な地域の自然・文化・アクティビティのうち二つ以上を組み合わせた観光商品を書き出せているか。

□考案した観光商品のストーリーを考えることができたか。

● 探究のポイント

□日本遺産ポータルサイトには，認定するストーリーの内容として以下の三点が挙げられている。すべてを満たすストーリーを作成することは難しいかもしれないが，要素や観点を参考にするとよい。
①歴史的経緯や地域の風習に根ざし，世代を超えて受け継がれている伝承，風習などを踏まえたものであること。
②ストーリーの中核には，地域の魅力として発信する明確なテーマを設定の上，建造物や遺跡・名勝地，祭りなど，地域に根ざして継承・保存がなされている文化財にまつわるものを据えること。
③単に地域の歴史や文化財の価値を解説するだけのものになっていないこと。

(1)観光資源　(2)自然資源　(3)人文資源
(4)世界遺産条約　(5)ラムサール条約
(6)物理的アクセス　(7)情報的アクセス
(8)精神的アクセス
(9)アドベンチャーツーリズム　(10)アートツーリズム
(11)インフラツーリズム
(12)コンテンツツーリズム　(13)自然公園法
(14)重要文化財　(15)国宝　(16)無形文化財
(17)民俗文化財　(18)記念物　(19)文化的景観
(20)伝統的建造物群

● 要点整理　　　　　　　　　　　　p.72〜73

①観光政策　②観光基本計画

③④民間事業者　地域住民（順不同）

⑤消費行動　⑥事業公募

⑦ボランティアガイド　⑧満足度

⑨シビックプライド　⑩役所や役場

⑪観光主管部署　⑫事業者　⑬観光協会

⑭コンベンションビューロー　⑮DMO

⑯広域連携DMO　⑰地域連携DMO

⑱地域DMO　⑲観光機構　⑳観光庁　㉑法人格

㉒専従職員

▶Step問題　　　　　　　　　　　　p.73〜74

① (1)エ　(2)ア　(3)イ　(4)オ　(5)ウ

② (1)○　(2)DMO　(3)○　(4)広域連携DMO
　 (5)地域DMO

③ (1)広域連携
　 (2)地域連携
　 (3)地域
　 (4)地域連携

● 要点整理　　　　　　　　　　　　p.75〜77

①イメージ　②情報発信

③デスティネーション・マーケティング

④メディア　⑤取材　⑥修学旅行

⑦観光キャンペーン　⑧アンテナショップ

⑨観光大使　⑩著名人　⑪物産展　⑫ブース

⑬イベント　⑭オフシーズン　⑮滞在　⑯市場化

⑰周遊　⑱観光商品　⑲見直し　⑳掘り起こし

㉑磨き上げ　㉒観光客　㉓連携　㉔管理

㉕無秩序　㉖規制　㉗利用　㉘建築施設　㉙景観

㉚マイカー規制　㉛パークアンドライド

㉜観光情報　㉝観光案内所　㉞言語　㉟アプリ

㊱MaaS　㊲おもてなし　㊳価値　㊴立案　㊵効果

㊶観光統計

▶Step問題　　　　　　　　　　　　p.78〜79

① (1)A　(2)A　(3)B　(4)A　(5)B

② (1)観光案内所　(2)○　(3)パークアンドライド
　 (4)移動　(5)ピクトグラム

③ (1)エ　(2)ウ　(3)ア　(4)オ　(5)イ

④ (1)レスポンシブルツーリズム（責任ある観光）
　 (2)例　観光客は人気観光スポット周辺の混雑度
　　　　　を一目で把握することができ，混雑を避け
　　　　　て観光することができる。観光客の分散化
　　　　　は，感染症予防にもつながることから，京
　　　　　都市は安心・安全な観光サービスを提供す
　　　　　ることができる。

■解答のポイント

□観光客のメリットとして，混雑を回避するこ
　とで密を避けられることや，快適に観光がで
　きることを記述しているか。

□京都市のメリットとして，観光客が分散化す
　ることにより，感染症などの感染リスクが下
　がることや，それによる安心で安全なサービ
　スの提供，観光客の満足度の向上などを記述
　しているか。

[解答例]

❶ 全国で行われている観光キャンペーンを調べて書き出してみよう。

観光キャンペーン	実施地域
ドキドキ，キタキタ　北東北	青森県・岩手県・秋田県の北東北三県
キャンペーン内容	

JR東日本が主催。北東北三県を「世界遺産」「夏祭り」「自然・絶景」「歴史・文化」「酒・食」の五つのテーマでつなぎ，「北海道・北東北の縄文遺跡群」や北東北の夏祭りを楽しむことができる。
これまで北東北に訪れたことのない人や，何度も訪れたことがある人にも魅力的な企画を用意している。

❷ あなたの住んでいる地域において，新たな観光キャンペーンを企画してみよう。

観光キャンペーン	実施地域
青森のうまいものキャンペーン	青森県
キャンペーン内容	

米造りと酒（どぶろく）造りを掛け合わせ，「造る」という体験を通じて，青森の文化を知ってもらい認知度を上げる。また，酒造りに欠かせない発酵技術は料理の保存技術にも応用されているため，こうした料理の調理体験を通して青森県の伝統的な食文化を知ってもらうとともに，観光客の増加と県産品の消費につなげる。

❸ ❷で企画した観光キャンペーンに観光大使を起用するとしたら，どのような人や動物，キャラクターがよいか，理由とともに考えよう。

観光大使	理由
振分親方（元小結　高見盛関）	青森県出身の元関取（現役時代は人気力士）で，力士は，お酒をたくさん飲むイメージがある。ほんわかした人柄の振分親方は，全国の人たちに良いイメージで受け入れられると考える。

■ **解答のポイント**

☐ 全国で行われた観光キャンペーンを調べて書き出せているか。

☐ ①を参考に，身近な地域での観光キャンペーンを企画することができたか。

☐ 企画した観光キャンペーンに起用する観光大使について，理由とともに考えることができたか。

● **探究のポイント**

☐ 観光キャンペーンは，都道府県の取り組みや，

JR東日本の「ディスティネーションキャンペーン」などを検索してみるとよい。

☐ これまでに調べた地域の魅力から，観光キャンペーンとして活用できるものは何かという視点で考えるとよい。

☐ 観光大使は地元出身の有名人だけでなく，動物やアニメやゲームのキャラクターなど，地域性だけでなく話題性の観点からも考えられるとよい。

(1)観光政策　(2)観光基本計画　(3)観光主管部署
(4)観光協会　(5)DMO　(6)広域連携DMO
(7)地域連携DMO　(8)地域DMO
(9)観光キャンペーン　(10)アンテナショップ
(11)観光大使　(12)景観条例　(13)パークアンドライド
(14)観光案内所　(15)多言語化　(16)MaaS
(17)観光入込客統計調査
(18)レスポンシブルツーリズム

● 要点整理　　　　　　　　　　　　　　　　p.82～84

①課題　②魅力　③観光ビジネス　④連携
⑤観光まちづくり　⑥資源　⑦将来像　⑧発掘
⑨発信　⑩開発　⑪関係人口　⑫定住人口
⑬交流人口　⑭担い手　⑮経済効果　⑯テレワーク
⑰ワーケーション　⑱地域資源　⑲観光資源
⑳㉑物理的アクセス　情報的アクセス(順不同)
㉒ストーリー　㉓精神的アクセス　㉔観光商品
㉕プロモーション　㉖有形の地域資源
㉗無形の地域資源　㉘形のある　㉙形のない
㉚継承　㉛文化的景観　㉜文化財保護法
㉝観光公害　㉞㉟食料品　最寄品(順不同)
㊱訪日外国人観光客　㊲トイレ不足　㊳共生
㊴消耗　㊵生活環境　㊶観光事業者　㊷観光ガイド

▶Step問題　　　　　　　　　　　　　　　　p.84～85

❶ (1)B　(2)A　(3)A　(4)A　(5)B
❷ (1)A　(2)B　(3)B　(4)A　(5)A
　(6)A　(7)B　(8)B　(9)A　(10)B
❸ 例 地域全体で連携し，観光ビジネスによって
　　地域の新たな魅力をつくる活動。
❹ 例 地域住民が食料品や最寄品を購入していた
　　店舗が，外国人観光客向けの商品を提供する
　　ようになったり，観光客が増加することに
　　よってトイレが不足したり，バスや電車，駐
　　輪場が混雑したりするようになった。

● 要点整理　　　　　　　　　　　　　　　　p.86～89

①統計資料　②e-Stat　③地方自治体
④統計データ　⑤RESAS
⑥地域経済分析システム　⑦官民　⑧無料
⑨公益社団法人日本観光振興協会
⑩JAPAN47GO　⑪日本全国
⑫⑬観光資源　イベント(順不同)
⑭旅行会社　⑮ご当地グルメ　⑯お土産
⑰目的地分析　⑱季節　⑲観察　⑳聞き取り調査
㉑フィールドワーク　㉒無形の地域資源
㉓インタビュー調査　㉔有形の地域資源　㉕DMO
㉖観光ビジネスの担い手
㉗観光まちづくりのステークホルダー　㉘地域住民
㉙体験型観光商品　㉚JNTO
㉛日本政府観光局　㉜文化体験　㉝街歩きツアー
㉞NPO　㉟ガイド　㊱地元案内　㊲調理教室
㊳観光振興策　㊴SWOT分析　㊵強み　㊶弱み
㊷機会　㊸脅威　㊹強みで機会を活かす方法
㊺強みで脅威・懸念を克服する方法
㊻機会を活かして課題を解決する方法
㊼課題と脅威・懸念が重なる最悪の事態を避ける方
法
㊽目指すべきもの　㊾技能　㊿キャッチコピー
51ステークホルダー
52 53 54観光施設　ご当地グルメ　キャラクター
(順不同)

▶Step問題　　　　　　　　　　　　　　　　p.90

❶ 「国」「地方自治体」「地域」「民間事業者」「地
　域住民」「DMO」「観光協会」「観光客」のうち，
　四つを記載
❷ (1)目指すべきもの　(2)活用　(3)○
　(4)技能　(5)キャッチコピー
❸ (1)S　　　Threat　　　　機会
　(2)W　　　Weakness　　　強み
　(3)O　　　Strength　　　弱み
　(4)T　　　Opportunity　　脅威
❹ (1)産業構造や人口動態，人の流れなどの官民
　　ビッグデータを集約し，可視化するシステム
　(2)経済産業省と内閣官房デジタル田園都市国家
　　構想実現会議事務局

【解答例】

❶ 観光まちづくりでは，地域の魅力である体験型観光やイベントなどが重要な役割を担っている。なかでもイベントなどの時間の希少性があるものを「トキ消費（再現性の低い「今そこでしか体験できない時間」にお金を使う消費行動）」ともいうが，日本や世界の各地で行われている「トキ消費」の事例を調べてみよう。世界の事例には国名も記入してみよう。

	「トキ消費」
日本	夏祭り，花火大会，盆踊り 屋台，スポーツ観戦，夏フェス ハロウィン，クリスマス　など
世界	トマティーナ（スペイン） エンシエロ（スペイン） 死者の日（メキシコ）　など

❷ あなたの身近な地域で提供できる「トキ消費」には，どのようなものがあるか書き出してみよう。

	「トキ消費」
あなたの身近な地域	三津浜花火大会，屋台（松山市） など

❸ 調べた「トキ消費」と地域の魅力を組み合わせて，新たな魅力を創出してみよう。

「トキ消費」	地域の魅力
おんまく花火大会（今治市）	アウトドアサウナ（今治市）

新たな魅力
野外で移動式のテントサウナを楽しみ，外気浴をしながら花火を見るなど，今ここでしかできないととのい体験を味わうことができる。

■ **解答のポイント**

□日本や世界の「トキ消費」に関するイベントなどを書き出せているか。
□①を参考に，身近な地域で行われている「トキ消費」に関するイベントなどを書き出すことができたか。
□調べた「トキ消費」と固有の地域の魅力を組み合わせて新たな魅力を創出することができたか。

● **探究のポイント**

□「トキ消費」などで検索してみるとよい。
□「トキ消費」を探す際には，そのイベントの再現性が高いか低いかという基準で考えるとよい。

□「トキ消費」（再現性の低いもの）に，どのような固有の地域の魅力を組み合わせれば，その魅力をさらに高めていけるかという視点で考えてみるとよい。

【解答例】

❶ あなたの身近な地域についての理解を深めるために，観光名所や史跡，建造物，自然や景観，郷土料理や特産品，歴史上の人物，産業，歴史や伝統行事などを，「すごろく」や「地域マップ」，「ポスター」などにして自由にまとめてみよう。作成する「すごろく」や「地域マップ」，「ポスター」には，魅力的なものだけでなく，あなたの身近な地域に存在する「課題」も含められるようにしよう。

例　p.22参照

■ **解答のポイント**

□地域の観光資源や有形の地域資源だけでなく，無形の地域資源も盛り込まれているか。
□地域の課題が書かれているか。

● **探究のポイント**

□身近な地域の，観光客向けのパンフレットなどに掲載されている地図などの情報を参考にするとよい。
□課題がみつからない場合は，身近な人にインタビュー調査などを行うとよい。
□地域の魅力や課題については，人それぞれ現状への認識が異なることが多い。完成した成果物をクラスメイトと共有し，お互いの考えを伝えあうことで，さらに地域への理解を深めることができる。

[解答例]

❶ テレワークを活用して，地方やリゾート地といった場所で余暇を楽しみつつ仕事を行うワーケーションについて，ワーケーションを誘致している地方自治体や，実施している企業などの事例を調べて書き出してみよう。

> ・誘致する自治体……長野県軽井沢町，和歌山県白浜町
> 　　　　　　　　　　など
> ・実施する企業　……日本航空株式会社，株式会社野村
> 　　　　　　　　　　総合研究所　など

❷ あなたなら，どのような場所でワーケーションをしたいと思うか考えてみよう。

> 温泉旅館，海や山の近く，博物館やテーマパーク　など

❸ あなたの身近な地域でワーケーションを推進しようとしたとき，どこ(場所)でどのような(テーマ)ワーケーションを提案することができるか考えてみよう。

> 場　所…愛媛県松山市中島
> テーマ…早朝に釣りをしてからテレワーク，釣れた魚は
> 　　　　昼御飯や晩御飯のおかずに

❹ あなたの身近な地域でワーケーションを推進しようとしたとき，どのような課題があるか考えてみよう。

> 脆弱なWi-Fi環境，駅や空港からのアクセスの確保，ワークの後に短時間で楽しむことができる観光商品の開発
> など

■ 解答のポイント

- □ ワーケーションを誘致している地方自治体や，実施している企業などの事例を書き出すことができたか。
- □ ワーケーションをどのような場所で行いたいか，自分の考えを記述しているか。
- □ 身近な地域においてワーケーションを推進する際の場所やテーマについて，自分の考えを記述しているか。
- □ ワークとバケーションの両面から見た課題について，自分の考えを記述できているか。

● 探究のポイント

- □ 企業や地方自治体の事例は「ワーケーション」で検索するか，観光庁の「「新たな旅のスタイル」ワーケーション＆ブレジャー」というWebサイトに導入事例が掲載されている。
- □ ワーケーションを行ってみたい場所は，自由に考えるとよい。
- □ テーマを考える際には，平日の仕事の前後の短い時間でも楽しめる観光商品には何があるか，という観点で考えてみるとよい。
- □ ワークの側面から見た課題だけでなく，地域を知ってもらうために平日のワークの後に短時間で楽しめる観光商品があるかなど，バケーションの側面からも考えられるとよい。

(1)観光まちづくり　(2)関係人口　(3)交流人口
(4)ワーケーション　(5)有形の地域資源
(6)無形の地域資源　(7)文化的景観　(8)観光公害
(9)e-Stat　(10)地域経済分析システム：RESAS
(11)JAPAN47GO
(12)フィールドワーク
(13)観光まちづくりのステークホルダー
(14)キャッチコピー　(15)オープンシティ

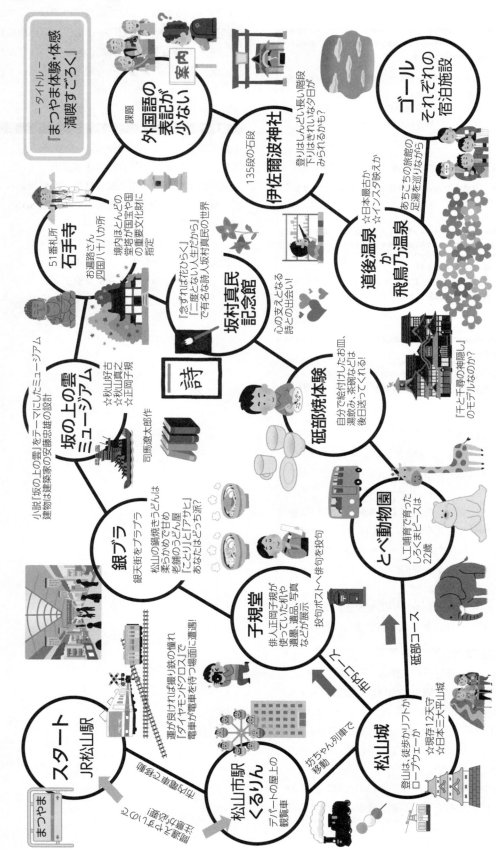